中学校社会サポートBOOKS

中学校社会科

単元を貫く「学習評価」とテストづくりアイデア

東京学芸大学附属竹早中学校

上園悦史・内藤圭太 著

明治図書

はじめに

　「社会科のできる生徒とは？」と問われて，「暗記力のある生徒」と答える教師はいないでしょう。しかし，生徒や保護者にそのように思わせていないでしょうか。この要因は，知識に比重を置いたテストにあると考えます。日本の学校教育において，授業公開をして協議をする研究会は数多く存在しますが，テスト問題を公開して協議をする場はほとんどありません。公開授業後の協議会で，今日の授業をどのように評価するか，特にテスト問題をどのようなものにするか，ということが話題になっても，実際にあらかじめ用意されたテストを提示したり，後日実施したテストを公開したりする教師は多くはありません。様々な評価方法がある中でも，特にテスト問題を対象にして解答の背景にある授業を検討するというアプローチを用いた研究や書籍は，社会科においてはほとんどなかったと言ってもよいでしょう。

　そこで，本書は単元を貫く「学習評価」と題し，特にペーパーテスト，定期考査としてのテストについて，次の3点を意識して執筆しました。

① 　テストづくりにおいて，資質・能力が身に付いた状態であると判断できる「指導と評価の一体化」した問題をつくるための方法を提示する。
② 　生徒の解答の背景にある授業の在り方，授業改善の視点を示す。
③ 　テストでは見取ることになじまない資質・能力について，その評価方法や判断の基準を，具体的な授業実践に基づいて提示する。

　優れたテストとは，正解できたことによって資質・能力が身に付いていると判断できるもの，誤答分析からつまずきの原因を明らかにし，授業改善に生かせるもの，そして，生徒に学習改善の視点を示せるものと考えます。筆者は日頃，定期考査の作問，学力調査・試験問題の点検など多くのいわゆる「テスト」を目にする機会がありますが，授業もテストもよい資料と問い方

が不可欠であることに気付かされます。優れたテストを見ると，自分の担当生徒に，この問題が正解できるだけの資質・能力が身に付くような授業展開をしていただろうかと振り返る機会にもなります。そのため本書は，テスト問題から考える授業改善の視点についても触れていきます。

　一方，定期考査を廃止した学校が増えています。理由の一つに，「思考・判断・表現」はテストでは見取りにくいという考えがあります。このような学校では，単元テストやレポートを中心とした学習評価が行われています。本書はこうした教育事情も踏まえ，定期考査に限らず単元テストなどでも活用できる，思考力を見取るテストづくりの理論と具体例を提案しています。

　本書の最大の特色は，テストの問題例を先に示し，出題意図，背景となる授業実践を，社会科三分野を通して提示する点にあると考えます。その際，出題者のねらいどおりに生徒が解答できない，様々な方向に解答が広がって採点ができないといった問題や，いわゆる出題ミスを避けるための資料提示，問い方の工夫，授業改善などの具体的な手立てについても触れています。本書は，いわゆる難問を紹介するものではありません。確かに，入試問題の中には，知識量が求められる問題，情報量の多い難解な資料を読み取る力が必要な問題もあります。しかし，合格者を選抜する入試と学校におけるテストは目的が異なります。テストは，学校の授業を通して育成した資質・能力が，身に付いたかどうかを判断するための評価方法の一つだと考えます。さらに本書は，テストだけでは見取ることができない「思考・判断・表現」「主体的に学習に取り組む態度」の評価方法についても，レポート，ポートフォリオを用いた個別最適な学びの実践例とともに紹介します。

　本書が，多くの先生方の学習評価，授業改善の一助になることを期待しております。そして，単元を貫く「学習評価」を通して，生徒や保護者の方々に対して，社会科で身に付ける資質・能力や授業・家庭学習の取り組み方を示すことができるような一冊となることも，心から願っております。

　2022年10月

上園　悦史　内藤　圭太

Contents

公民的分野

第3章 学びの履歴を可視化する デジタルポートフォリオの可能性

第 1 章

単元を貫く
「学習評価」の
ポイント

社会科の評価は主として，テスト（評価問題）に加え，授業における観察，ノート，ワークシート，レポート等の論述，振り返りシートなどのポートフォリオによって行われます。テストでは，主に事実的知識の習得状況と「知識の概念的な理解」に至る過程で働かせる思考力を見取ります。

　本章では，定期考査としてのテストから学習評価を考えていきます。

1　テストの特徴と課題

　日本の学校教育において実施されている，定期考査としてのテストには，次のような特徴と課題があるといえるでしょう。

① 　教師が作成，出題，採点，成績処理までの責任を担っている。
② 　教師によって出題範囲があらかじめ生徒に示され，生徒は，テスト前学習期間が与えられる。
③ 　実施においては，試験監督者が割り当てられ，生徒全員が同じ制限時間，同じ条件で解答する。

　①は，授業を行った教師がその成果を確かめるというねらいに基づき，教師が問題作成にあたります。教師は授業の準備をしながら評価問題としてのテストを考えるのが望ましい姿だと思います。しかし，テスト前になってようやくテスト作成を始められるという教師がほとんどだと思います。その結果，様々な問題集や自身の過去問題の寄せ集めのようなテストになり，授業内容の習得状況を確かめるものとは異なってしまうこともあります。採点も十分な時間が確保されているとは言いがたい状況の中，正確さが求められています。あらかじめ採点基準を決めたり，返却時にも点数を示すだけでなく学習改善を促したりするなど，教師が担う責任は多岐にわたるのが現状です。

　②は，学習した内容を出題するという原則に基づいています。また，テストの勉強に集中させるために，部活動などの生徒活動を1週間程度停止する

のも特徴です。こうした扱いが，生徒，保護者にとって，テストを一大行事として認識させてしまうことにつながっているともいえるでしょう。

　しかし，あらかじめ決められたテスト日程までに実施できた学習内容しか出題範囲にできないという課題があります。例えば，中項目の学習を４つの小単元で構成して学習を進めていても，学習の進度や生徒の家庭学習の時間を考慮すると，小単元３までしか出題できないという場合です。これによって中項目の問いを解決するために小単元を設定しても，小単元ごとの関連性が弱いテスト問題になってしまうことが考えられます。また，テストの日から逆算して授業の進度を調整することもあります。その結果，テスト範囲と決めたところを，教師の一方的な教え込みによって授業を終えたことにしてしまう，ということも起こり得ます。こうなると，生徒に十分な資質・能力を身に付けさせる手立てのないままテストをさせてしまう，いわゆる「大人の都合による評価」になってしまうのです。

　③は，公平に試験を行うという原則に基づいています。学校ごとに試験のルールが定められ，教師はそのルールに基づいて，割り当てられた監督を行います。特に配慮を要する生徒以外は，同じ解答時間になりますが，40〜50分程度のテスト時間で見取れるものには限界もあります。

　定期テストを廃止した学校が以前，話題となりました。テストで思考力を問うことは難しい，②のような考査範囲の制限，やらされ勉強からの脱却，など様々な理由があります。テストを廃止した学校では，授業の進度に合わせて教師の責任のもと，単元テストという小テストを繰り返し行います。単元テストの場合，作問用のデータベースがあり，③のような公正さを担保するためにクラスごとに実施問題を変えられるものもあります。こうした新たな取組は，働き方改革の観点からも有効なツールとなることが期待されます。

　テストの実施が定期・不定期のどちらが有効かについては，エビデンスを伴った検証結果を待たなければなりませんが，テストという評価場面だからこそ見取れる知識や思考力があるのも事実です。テストは，教師にとっても生徒にとってもやらされ感の強いものですが，テストを通して生徒も教師も

授業を考えるきっかけになることが，最も望ましい姿であると考えます。

2 「見方・考え方」が働くテストの問いづくり

(1)授業づくりから考えるテストづくり

　授業を考える過程において，どのようにテストづくりを行えばよいのかを考えていきます。ここでは，学習指導要領の次の単元を事例とします。

　C　日本の様々な地域

　　(2) 日本の地域的特色と地域区分

　　　　次の①から④までの項目を取り上げ，_a分布や地域などに着目して，課題を追究したり解決したりする活動を通して，以下のア及びイの事項を身に付けることができるよう指導する。

　　　③　資源・エネルギーと産業

　　　ア　次のような知識及び技能を身に付けること。

　　　　(ウ)　_b日本の資源・エネルギー利用の現状，国内の産業の動向，環境やエネルギーに関する課題などを基に，_c日本の資源・エネルギーと産業に関する特色を理解すること。

　　　イ　次のような思考力，判断力，表現力等を身に付けること。

　　　　(ア)　①から④までの項目について，_dそれぞれの地域区分を，地域の共通点や差異，分布などに着目して，多面的・多角的に考察し，表現すること。

（一部省略，下線筆者）

　地理的分野の学習指導要領は，下線部 a は，着目する（働かせる）「見方・考え方」，b は，c を身に付けるための学習内容，c 及び d は，身に付ける資質・能力となっています。本時の課題を「日本の資源・エネルギーにはどのような特色があるのだろうか？」とします。次に，c 及び d で示されている資質・能力が身に付いた生徒の状態の具体的な姿の一部を示します。

「知識及び技能」が身に付いた状態
・分布図から，日本はエネルギー資源や鉱産資源に恵まれていないため，消費する資源の大部分を海外からの輸入に依存していることが読み取れる。
・例えば，エネルギー消費量は地域によって差がある。
「思考力，判断力，表現力等」が身に付いた状態
・日本の発電方法の地域区分を見ると，水力，火力，原子力，風力，地熱などがあり，それぞれの特色に合わせて発電所が立地していると考えられる。
・例えば，火力発電所は，資源の輸入に便利な沿岸部に分布している。

次に，下線部 *a* の「分布」に着目させるための問いの例，*b* の学習内容の具体例を示します。

a	「発電所はどこに分布しているのだろうか？」 →「日本の主な発電所の分布」の資料を読み取る。
b	「世界の主な国の発電量の内訳」の資料，「日本の発電電力量の推移」を読み取って日本の資源・エネルギー利用の現状を把握する。

さらに，下線部 *c* と *d* にある資質・能力を身に付けるための授業の展開例と，習得状況を判断するための評価問題例を，次のように併記します。

○主な問いの例 ・学習活動の例	評価の観点			○評価問題例 ・授業との関連
	知	思	態	
○「日本の主な発電所はどのように分布しているのだろうか？」 ・分布図を読み取り，「火力発電所は沿岸部に分布している」ということを理解させる。	○			○次の発電所の分布図を読み取り，火力発電所にあたるものを，次のア～エの中から一つ選びなさい。どれがどのように分布しているか説明しなさい。

				・授業で日本の主な発電所の分布を習得し，その中から火力発電所の分布を理解できているかどうかを問う。
○「火力発電所は，なぜこのような分布を示すのだろうか？」 ・火力発電所が見られる地域の共通点や他の発電所が見られる地域との差異などに着目して，「火力発電所が分布するところは，原料となる鉱産資源を輸入するために便利な沿岸部である」「エネルギー消費量の多い都市部に近いところにある」など，火力発電所の分布の規則性，傾向性について考えさせる。		○		○次の火力発電所の分布図と資料１を読み取り，火力発電所がこのように分布する理由を説明しなさい。 ・火力発電所が見られる地域の特色について考察することができているかを問う。 ・資料１は例えば，エネルギー消費量の分布や人口分布などを提示し，複数の資料から考察することができているかを問う。

　このように，学習指導要領に基づいて授業づくりを行う際，「どのような問いで資質・能力を身に付けさせるか？」を考えるのと同時に，授業後に「どのように問うことで，資質・能力が身に付いていると判断できるか？」を考えることが大切です。授業準備は，生徒の興味を引くためのネタだけでなく，学習活動を適切に評価するためのテスト問題を並行して検討することも大切です。

　歴史的分野，公民的分野は，学習指導要領の文言が少し違うところがありますが，構造は同じですので，同様に授業も評価問題も作成できます。

(2)テスト問題とその解法から考える授業改善

　次に，具体的なテスト問題に基づいて授業の在り方について考えます。

> 例題1　1232年に御成敗式目を制定した人物名は誰か書きなさい。
>
> 　　　　　　　　　　　　　　　　　　　　　　正解　北条泰時

　例題1は，事実的な知識の習得を問う問題です。生徒にとっては，覚える（暗記）以外の解法はないため，このような問題ばかりが並ぶテストは望ましくありません。しかし，大切なのは，解答の背景となる知識をどのような授業展開で習得させたか，ということです。例えば，「御成敗式目はいつ，誰によって制定されたか？」という問いによって生徒が課題を追究し，解決したという授業なら，時期や年代という「見方・考え方」を働かせたことによって，北条泰時という知識が身に付くことになります。テストでは授業を再現するように問うことで，正解できた生徒は知識が習得できたと判断できるのです。「北条泰時は覚えましょう」と授業で言ってしまうこともあるかと思いますが，本来，知識はこのように習得させ，評価するものです。

　一方，例えば，「御成敗式目の制定によって前の時代とどのように変わったのだろうか？」という問いによって課題を追究した場合は，生徒が推移や比較という「見方・考え方」を働かせて，中世の社会の変化の様子を考察し，「武士独自の法で，その後の武家政治の基準となった」と表現したことによって思考力，判断力，表現力等が身に付いたと判断できます。

　このような授業展開の場合は，北条泰時を問う必要はあるのでしょうか。例えば，御成敗式目による推移や比較を考察する学習過程で北条泰時という知識を身に付けることが教師と生徒の間で共有されていたのか，北条泰時を答えたことで，授業でねらいとした資質・能力が身に付いたと判断できるのか，などを吟味する必要があります。生徒にとっては，御成敗式目の意味や意義を考察する学習をしたのに，テストでは制定した人物名が問われただけであれば，授業に意味を見いだせなくなります。そのため，御成敗式目の意

味や意義は，論述やレポートなどの課題で評価することも検討する必要があります。

例題2　次の図は，アメリカ合衆国のコロラド州に見られるセンターピボット方式と呼ばれる農業です。図を見て，この農地で作物に水をまく際，どのような工夫をしているか説明しなさい。
　　　　　　　正解　地下水をくみ上げ，回転式のスプリンクラーで散水する。

　例題2は，資料活用の技能と事実的な知識を問う問題です。授業で，「センターピボット方式の農業を行っているコロラド州はどのような場所か？」という問いによって課題を追究させたならば，生徒は「場所」という「見方・考え方」を働かせた結果，コロラド州が乾燥する地域であることなどを理解します。このような授業を背景に生徒は解答することができます。

　一方，この出題方法では，図がなくても解答できる，いわゆる暗記問題ということにもなってしまいます。問題をよりよくするためには，コロラド州の気候や土地の特色の資料を用意して，大規模な灌漑を行う必要があること，そのために地下水をくみ上げる必要があることなどを説明させる問題にする方法が考えられます。授業を踏まえ，新たに提示された資料によって考える問題にできるからです。

　しかし，この問題を出題しようとするならば，授業にも課題はないかを考える必要があります。もし授業において，センターピボットや回転式スプリンクラーを紹介するだけの展開だとしたら，深い学びにはなりません。本時で扱う内容は，映像や写真などに生徒が興味を示し，一見面白い授業になるかもしれませんが，学習のねらいはアメリカ合衆国における農業の工夫を理解することだけではなく，農業の工夫を通して，アメリカ合衆国や北アメリカ州の地域的特色を大観することなどにあります。

　授業改善の例として，本時の課題を「なぜアメリカ合衆国は世界の食糧庫といわれるのだろうか？」と設定することが考えられます。そして，課題を

追究する過程で，回転式のスプリンクラーを紹介し，これが地下水をくみ上げることや，自動的に撒かれるものであることを踏まえて，「なぜアメリカ合衆国では，このような大規模灌漑を行っているのだろうか？」と問います。そして，「効率的に生産する方式である」という知識が獲得され，本時の課題を解決するために必要な要素の一部となります。授業ではその他，「環境に適した農産物を生産したり，少ない労働力で大規模な農場経営を行ったりしている」ということを理解させることで，本時の課題が解決されていきます。つまり，テストで問うべきは，センターピボットにおける散水の工夫という事実的知識ではなく，「大規模農場経営における効率的な農法の例としての回転式のスプリンクラーによる散水」だということです。

改善案①　次の図は，アメリカ合衆国のコロラド州に見られるセンターピボットで見られる回転式スプリンクラーによる大規模な散水です。アメリカの農業経営に関する資料から，このような散水を行う理由を説明しなさい。

　　　　　　　　正解　アメリカは農民一人あたりの農地面積が大きいため，
　　　　　　　　　　　効率的に農業を行う必要があるから。

　改善案①では，アメリカの農業経営に関する資料から，大規模農場経営という事実を読み取らせ，効率よく散水する必要性があることを考えさせる問題としました。また，「効率的に農業を行う必要がある」という結論から，「大規模農場経営」「回転式スプリンクラー」の資料を説明させることで，結論までの思考過程を辿る問題にすることも考えられます。

改善案②　次の図は，アメリカ合衆国のコロラド州に見られるセンターピボット方式と呼ばれる農業です。この地域で「地下水の大量くみ出し」が課題になっている理由を資料から説明しなさい。

　　　　　　　　正解　地下水をくみ上げ，回転式のスプリンクラーで散水するから。

改善案②は，「回転式スプリンクラーによる散水が地下水の大量くみ出しという課題につながっている」ことを授業で考察させたことに対する評価問題とした場合です。問題文に「地下水の大量くみ出し」という課題を先に提示して，資料は，回転式スプリンクラーの仕組みに関するものにします。そして，「課題の原因としての回転式スプリンクラーによる散水」を問う問題にすることで，「思考・判断・表現」の観点から評価する問題にすることも考えられます。

　テスト前に「思考・判断・表現」の観点で問題をつくって初めて，この問題が解答できるように授業をしていないということに気付くことがないよう，授業づくりと並行して，あらかじめ評価問題を考えていくことも「指導と評価の一体化」には大切です。また，テスト問題を考えることで，どのような問いで授業を構成すれば，解答にあたる部分が授業で扱えるのか，という視点で授業づくりができます。

> 例題3　よりよい社会を築いていくために，国際社会で取り組むべき課題にはどのようなものがあるか，あなたの考えを書きなさい。

　例題3は，「知識及び技能を活用して課題を解決するために必要な思考力，判断力，表現力等が身に付いているかどうかを評価する」という意味では「思考・判断・表現」の問題といえます。また，「知識及び技能を獲得したり，思考力，判断力，表現力等を身に付けたりすることに向けた粘り強い取り組み」「粘り強い取り組みを行う中で，自らの学習を調整しようとしている」という側面からは，「主体的に学習に取り組む態度」の評価問題となる可能性もあります。しかし，この問題のテストとしての課題は，採点基準が不明確で，何を書いても正解になる可能性があるということです。生徒からすれば，授業で様々な課題を扱ったという背景があるならば，逆に「何を解答したらよいのか分からない」ということになってしまいます。

　このような問題をテストとして出題することを否定するものではありませ

んが，もし出題するのならば，どれくらいの解答時間・分量を想定している
のか，どのような解答に得点を与える，または，減点をするのか，明確な採
点基準が必要です。時間制限の中で終わらないような状況において，記述を
させたり複雑な資料の読み取りをさせたりするのでは，生徒たちが思考力を
十分に生かして解答しているとはいえません。そのような状況で解答したも
のは，評価することはできないと考えた方がよいでしょう。

> 改善案　Aさんは，「よりよい社会を築いていくために，国際社会で取り組むべ
> き課題」を見いだすために，次の資料を集めました。Aさんが見いだした課題
> を書きなさい。

　改善案では，資料から見いだした課題を考えさせる問題としました。また
は，「見いだした課題」を先に示し，どの資料から考えたのか，や「見いだ
した課題と根拠の資料の一部」をあらかじめ提示し，他にどのような資料が
必要かを問う問題にすることで，解答を絞り込むことも考えられます。
　例題3は，社会科においては不可欠な問いであることは間違いありません。
これは，ペーパーテストで評価するのではなく，論述やレポート等の成果物
で評価する方がよいでしょう。詳しくは第3章で述べていきます。

(3)単元を貫く「発問」による授業構成から考えるテストづくり

　ここまで述べてきたことをまとめると，「指導と評価の一体化」のための
テストづくりの要件は，
① 　問題のねらいの明確化
② 　ねらいが十分に達成できる問い
③ 　問題の解答根拠となる授業実践
の3点が重要です。
　次の図は，単元を貫く「発問」に基づいた授業構成と評価についてまとめ
たものです。この図を用いてテストと授業の関係について考えます。

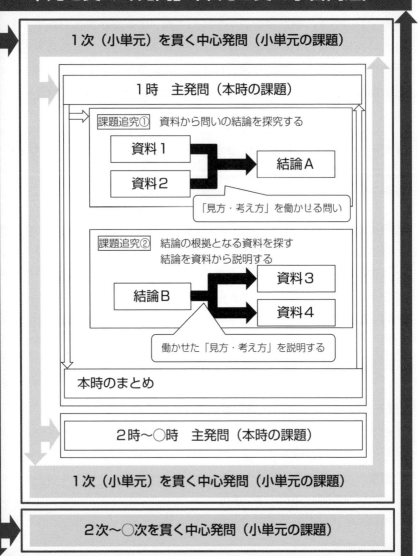

単元を貫く「発問」（単元を貫く学習問題）

1次（小単元）を貫く中心発問（小単元の課題）

1時　主発問（本時の課題）

課題追究①　資料から問いの結論を探究する

資料1
資料2

結論A

「見方・考え方」を働かせる問い

課題追究②　結論の根拠となる資料を探す
結論を資料から説明する

結論B

資料3
資料4

働かせた「見方・考え方」を説明する

本時のまとめ

2時～○時　主発問（本時の課題）

1次（小単元）を貫く中心発問（小単元の課題）

2次～○次を貫く中心発問（小単元の課題）

単元を貫く「発問」（単元を貫く学習問題）

図のように，授業において生徒が問いに基づいて課題を追究したり，解決したりする活動を通して，資質・能力を身に付ける過程を，本書では，「思考過程」あるいは「思考の流れ」と呼ぶことにします。問いは，単元（中項目），次（小単元），本時と段階はあります。まず，図中の本時の課題を解決するための課題追究の場面を中心に考えていきます。

① 帰納的思考

　課題追究① は，問いによって資料を読み取ったり，関連付けたりして結論に達している授業展開を示しています（帰納的思考）。このような授業を経て，テストでは，「資料１と資料２から，分布についてどのようなことがいえるか（結論Aを）書きなさい」と問います。

② 演繹的思考

　課題追究② は，結論，概念などが提示されていて，判断の根拠となる資料を探したり，資料を説明したりするような授業展開を示しています（演繹的思考）。このような授業を経て，テストでは，「結論Bのようにいえる理由を，資料３と資料４から説明しなさい」と問います。

③ 帰納的思考と演繹的思考による出題方法

　授業と同じ思考過程を辿るテストは，授業のねらいを理解しているか見取るのには最も効果的であるように思われます。しかし，同じ資料で考えさせても授業の再現，あるいは記憶の再生産などと言われ，「思考・判断・表現」の観点の問題とはいえません。授業用の資料とテスト用の資料を用意して，同じ考え方ができるかを問う方法もありますが，現実的に全ての問題で資料を用意するのは不可能です。そこで，問い方を工夫して，授業では帰納的思考によって展開した内容をテストでは演繹的思考で出題する，あるいはその逆という方法もあります。具体的な問題例は，第２章で紹介します。

④ 単元で身に付けた資質・能力を見取る問題づくり

　テスト問題の出題根拠の多くは，授業における課題追究の場面，あるいは本時の課題を解決する場面にあるといえます。しかし，単元ベースで授業をつくっているのであれば，単元の課題を問う問題も出すべきでしょう。例え

ば，歴史的分野には，「事象を相互に関連付ける」という文言がありますが，小単元の課題を解決するためには，第1時と第2時の学習内容を関連付ける必要があります。

　このように，テストにおいても事象の相互の関連付けを意図した問題を作問することができれば，単元ベースの問題づくりもできます。そこで，単元の思考過程を意識した問題構成の例を，次に示します。

> 全体　中項目　単元を貫く学習問題
> 　1　1次の学習内容
> 　　問1　第1時の学習内容
> 　　　(1)　課題追究①に関する出題
> 　　　(2)　課題追究②に関する出題
> 　　　(3)　第1時の学習内容のまとめに関する出題
> 　　問2　第2時の学習内容
> 　　　(1)，(2)……
> 　　問3，問4
> 　　問5　1次の学習内容のまとめに関する出題
> 　　　例　問1から問4までを踏まえて，地域的特色，時代の大観などに関する出題

　授業の実施順と問題番号は必ずしも一致させる必要はありませんが，「生徒が課題を探究している過程」「生徒と教師の会話文」などストーリー性のある問題文にすることや，単独資料の読み取りから複数資料の読み取りに発展させて段階的に問うなど，必然性のある問題にする工夫が大切です。そして，様々な問いによって知識及び技能，思考力，判断力，表現力等が身に付いているかをバランスよく見取れるよう構成することも重要です。

　一方，例題3のような中項目全体に関する問いをつくるとしたら，課題を解決している場面を再現したり，論述させたりすることが考えられますが，解答時間や分量から言っても困難です。こちらは，ワークシートやノートによる評価が中心になりますので，第3章で具体的な評価方法を提示します。

3 テストの失敗例から考える防止策

　次の事例の分析から，社会科テストづくりの在り方を考えます。

① 　テスト実施中に，生徒から「問題文に，"誤っているものを一つ選びなさい"とありますが，誤っているものは，選択肢中に二つあるように思います」と質問された。
② 　テスト答案返却の際に，「自分の答えも正解だと思います。なぜ記述が×なのですか？　模範解答を見ても，採点基準が分かりません」と質問をする生徒の列ができた。
③ 　テスト実施後，生徒や保護者から「社会科のテストは暗記すれば点が取れるのですね」と言われた。

　①は，いわゆる出題ミスです。特に，選択問題をつくる際は，正しいものと誤っているものが明確に分かるように文章を提示しなければなりません。
　②は，問題のねらいが読み手に伝わりにくいために，様々な答えが出てきてしまう，または何を答えたらよいのか分からない，いわゆる「問題として成立していない」状態です。問題をつくった時点で模範解答や採点基準が練られていないことが原因と考えられます。あらかじめ模範解答に対し，どのような問い方，解答の指示，資料の提示を行えば，生徒の思考の流れをスムーズに解答に導けるかを考える必要があります。多忙な中においても，他の教師にも見せて，「この問い方だとこう答える生徒もいると思うけれど，その場合○になるの？」などの意見をもらう時間をつくることも大切です。
　③は，授業のねらいとテスト問題にずれがある状態です。話合いや発表など，活動的な学習をしたのに，テストで知識ばかりが問われると生徒や保護者の受け取りはこのようになります。また，資料から読み取って分かること，考えられることを問う問題をつくったつもりが，答えの根拠が資料にはない知識が必要だったという場合もこのような反応になると考えられます。

4 テストづくりの鉄則と配慮

①選択問題をひっかけ問題にしない

　例えば，「安土桃山時代の出来事として，正しい文を次のア～エの中から一つ選びなさい」という時代の大観を問う問題では，正解以外の誤文も正しく述べている文にすることが原則です。例えば，選択肢の中に「織田信長が太閤検地を実施していた」という文があった場合，太閤検地を実施したのは豊臣秀吉だからこの選択肢は誤りである，と判断できますが，この思考過程は時代の大観ではありません。もっと細かな情報にすればするほど，重箱の隅をつつくようなひっかけ問題だと批判されるでしょう。

　この問題は，正解以外の選択肢を平安時代，鎌倉時代，室町時代の出来事にするなど，時代の大観というねらいに合う選択肢を考える必要があります。改善案としては，「次は，安土桃山時代の出来事に関する文です。文中の下線部のア～エの中から誤っている部分を一つ選びなさい」など，誤りを含む可能性のある部分に線を引いておく工夫が考えられます。

　なお，資料を読み取った結果を選択問題にするなどの場合は，正解以外の誤文に事実と異なることが含まれていてもひっかけではありません。

②問題の指示は明確にする

　解答する条件をきちんと説明しようとして，問題の指示が長くなり，逆に不明確なものになってしまうことがあります。例えば，資料1と資料2の両方に触れることを解答の条件にしたいのに，「資料1から読み取れる変化と資料2から読み取れる影響を踏まえて，記述しなさい」などと書くと，問題文の中に情報量が多くなりすぎて生徒が混乱します。二つの資料を踏まえて記述させるなら，資料タイトル（キャプション）に「資料1　～の変化」「資料2　～の推移」などと入れ，何を読み取らせたいのかを示し，「～を資料1と資料2から書きなさい」と指示するのがよいでしょう。文部科学省や国立教育政策研究所の学力調査，全国の都道府県の入試問題などは公開されていますので，指示の出し方が大変参考になります。

③問題文・資料に余計なことは書かない

　情報量の多い問題リード文や資料は，生徒の解答時間を奪うことになります。年表に問題に関係のない出来事などが載っていないか，など解答に直接関係のない情報は極力削るように配慮することが大切です。解答の分散を防ぐために載せた情報が，答えを教えているのと変わらなかったという状況もあります。非常に悩ましいところですが，問題文は吟味が必要です。

④誤答分析ができる問題にする

　生徒にとってはなぜ間違えたかが分かる問題，教師にとっては生徒の思考過程が推測できる問題にする必要があります。知識が習得できていなかったというものから，複数の資料の活用状況など様々な原因がありますが，それらが分析できるように，答えさせ方を工夫する必要があります。

　例えば，「空欄Ⅰと空欄Ⅱに当てはまる文の組み合わせとして正しいものを一つ選びなさい」という問題では，選んだ選択肢によって空欄Ⅰと空欄Ⅱの理解の状況が推測できます。誤答分析を積み重ねることで，生徒にとってはテストを通して改めて理解すること，教師にとっては手立てを考えることにもつながります。

⑤多様性に配慮した問題づくり

　ダイバーシティ，インクルージョンの時代のテストにおける配慮も大切です。例えば，会話文の問題では共通して「○○さん」と書くなど男女の違いを意識させない表記，話し方で表記します。社会科の問題文でこうした配慮を示すことが，社会に開かれた教育課程の観点からも大切だと考えます。

　その他，テストづくりには配慮すべきことがいくつかあります。例えば，テストを受ける生徒の一人一人の状況の把握です。生徒の実態によっては難読漢字，あるいは漢字全てにルビを振る，読みやすいフォントや書式にするなど問題内容以外で生徒にストレスを与えないようにしたいものです。

　最後にこだわりたいのが「社会科のテスト」であることです。資料の読み取り問題が算数のようだった，国語力で解けた，ではなく社会科の教科の学びを評価するテストになっているかを常に問い続けたいと思います。

5 本書の読み方

　第2章から，三分野の単元ごとにテストの具体例を示し，正答例，出題意図（出題のねらい，評価の観点，授業との関連），授業の概要（出題根拠）の構成でテストの背景となる授業を示していきます。多くの単元を事例とすること，生徒が考察や構想をする授業についても評価問題をつくることに挑戦しました。特に，解答の根拠が暗記した知識による問題は極力避け，資料を読み取って判断したり，結論から判断の根拠となる資料を考察したりさせるなど，学習指導要領が求めている資質・能力が身に付いているかを判断できる問題づくりを意識しました。また，問題文や解答形式の類型化にまでは至っていませんが，様々な問い方，解答形式の工夫を紹介します。

　問題文は，生徒が学習で身に付けた資質・能力を社会で生かそうとしている場面を設定しています。その多くは，学習から分かったことをまとめている場面ですが，実社会で生かそうとしている場面も設定しました。中には，ご批判をいただくような問題もあると思いますが，先生方の工夫で問う箇所を変えたり，出題根拠として示した授業の概要の方をテスト問題にしたり，ここで紹介したテスト問題に基づいて授業の資料づくりをするなど，よりよいテストと授業づくりに役立てていただければ幸いです。

　本書「はじめに」において，「授業もテストもよい資料と問い方が不可欠である」と書きましたが，本書では問い方を重視し，資料については著作権や版権の都合上，割愛せざるを得なかった問題があることをご了承ください。

　よいテスト問題をつくることが，生徒に向けて，社会科で身に付ける資質・能力や学習方法を伝えるメッセージとなることを期待しています。

　第3章では，テストでは評価できないものとして，デジタルポートフォリオによる学習評価に焦点を当て，「思考・判断・表現」「主体的に学習に取り組む態度」の観点による評価方法，教師による評価の在り方を客観的に評価するデータサイエンスによる学習評価の分析について授業実践例を含めて紹介します。

第2章

単元を貫く
「学習評価」と
テストづくりアイデア

世界や日本は
どのように構成されているのだろうか？

生徒の認識の変容過程を辿らせる問題

　生徒が資質・能力を身に付けるまでの思考の流れに基づいてテストをつくるのは，授業とテストを一体化させるために，最も多く用いられる手法といえます。ここでは，生徒が活動を通して，最初の予想から認識が変容するまでの過程を，振り返ることができているかを問う問題を提示します。

　本単元では，学習指導要領（平成 29 年告示）解説　社会編で「大陸と海洋の分布を地球儀と世界地図上で比較することで，その違いを考察したり」とあります。そこで，本単元で作業的な活動を通して，地図と地球儀に対する認識を変容させることをねらいとしました。しかし多くの場合，作業をして，まとめを書かせることで単元が終わってしまうことが考えられます。そのため，今回は，認識がどのように変容したか，代表的な生徒の思考例を用いて問う問題をつくりました。

認識の変容

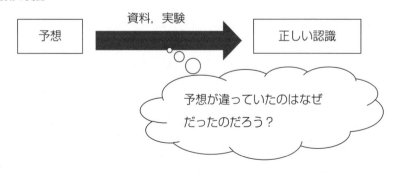

▌テストの具体例1

　Nさんは，「日本から東に進むと，どの大陸に着くか？」という課題に対して，北アメリカ大陸だと予想しました。しかし，地球儀の日本の位置に十字に貼ったテープをあて，東に進む学習したところ，予想とは違うことが分かりました。

　次は，Nさんの学習記録です。記録中の ［　あ　］ と ［　い　］ と ［　う　］ に当てはまることばを書きなさい。

▌Nさんの記録

> 　私が，日本から東に進むと，北アメリカ大陸に着くと予想したのは，普段見慣れている地図1を思い浮かべたからでした。
>
> 　地図1は，緯線と経線が ［　あ　］ に交わるようにつくられています。北アメリカ大陸が日本の東にあると考えたのは，［　い　］ からです。
>
> 　地図2は，日本からの距離と方位が正しく表されるようにつくられています。この地図を見ると，日本から東に進むと ［　う　］ 大陸に着くことが分かります。

地図1

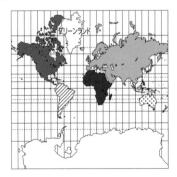

地図2

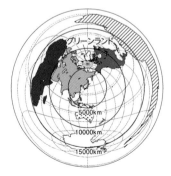

出典：『よくわかる社会の学習』（2022）明治図書

▌ 正答例

あ：垂直

い：緯線を辿っていた

う：南アメリカ

▌ 出題意図

出題のねらい	世界の地域構成の特色を，地球儀と世界地図，様々な描き方の世界地図の機能を比較することで，考察し，表現することができているかを問う。
評価の観点	あ　知識・技能 い　思考・判断・表現 う　知識・技能
授業との関連	多くの生徒が，幼少期から「メルカトル図法」の世界地図を見ることが多かったため，日本から東に進むと北アメリカ大陸に着くと予想する。しかし，地球儀や正距方位図法を用いると，日本から東に進むと南アメリカ大陸に着くことが分かる。問題においては，なぜ間違えた予想をしたのかの原因を分析する場面を取り上げ，授業の内容が身に付いているかを出題した。

図　授業における認識の変容

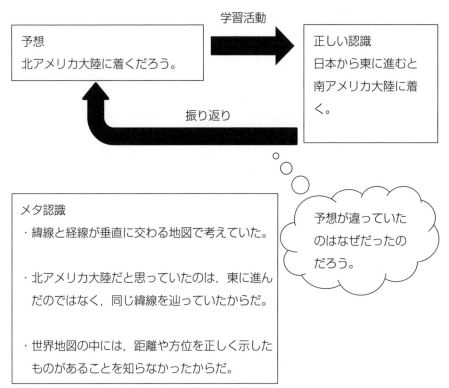

▎ 授業の概要

　本時の課題「地球儀と世界地図の違いは何だろうか？」を追究している場面です。

　　　　　　　　　　　　　　　　　　下線部：テストの出題根拠

教　師　日本から東に進むと，どの大陸に着くでしょうか？　考えてみましょう。

生徒A　地図から考えたら，北アメリカ大陸だと思います。

教　師　それでは，地球儀の日本の位置に十字にテープをはります。テープの上を，北極点，下を南極点に合わせます。テープが日本からの正しい東西南北を示したものだということが分かりましたか。それでは，各班で地球儀を持って実験してみましょう。

生徒B　あっ，南アメリカ大陸に着きました。

生徒C　なぜこういうことになるのだろう。

教　師　では，皆さんの予想と実際の結果が違った原因を考えてみましょう。皆さんが使っていた地図と地球儀を比べたとき，どうして方位にずれが生じたのでしょうか？

生徒D　地図は，緯線と経線が垂直に交わっていますが，地球儀で見ると，実際は緯線と経線は場所によって交わる角度が異なっているのですね。

生徒A　地図で東だと思っていたけれど，同じ緯線を辿っただけだったのですね。

教　師　それでは，ここに日本からの距離と方位が正しい地図があります。これで調べてみましょう。

生徒B　これで見ると，日本から東に進むと，南アメリカ大陸に着きますね。日本を通る緯線を辿って北アメリカ大陸に進んでいたのは，実際には，北東に進んでいたことになるのですね。

生徒C　緯線と経線が垂直に交わった地図は分かりやすいですが，ここから得られない情報もあるのですね。

生徒D　球体を無理に平面に描いたからこうなるのですね。ということは，面積も正しくないということですね。

教　師　それでは，面積についても追究していきましょう。

■ テストの具体例2

Nさんは日本の地域構成について調べ，次のようにまとめました。

まとめ

排他的経済水域とは，海岸線から ［ あ ］ 海里以内に設けられたものです。モンゴルやバチカン市国などは，［ い ］であるため，排他的経済水域は統計上，0 km² となっています。資料1から，日本は面積の割に，排他的経済水域の面積が広い国といえます。その理由として，資料2と資料3から ［ う ］ という特色が読み取れるからです。

資料1　世界の国の排他的経済水域と面積

	国名	排他的経済水域面積（約万 km²）	面積（約万 km²）	面積順位
1位	アメリカ合衆国	762	983	3
2位	オーストラリア	701	769	6
3位	インドネシア	541	191	15
4位	ニュージーランド	483	27	76
5位	カナダ	470	999	2
6位	日本	447	38	62

資料2　日本の排他的経済水域

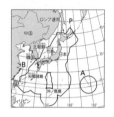

出典：『よくわかる社会の学習』（2022）明治図書

資料3　世界の海岸線

		海岸線（km）
1	カナダ	202,080
2	ノルウェー	83,281
3	インドネシア	54,716
4	ロシア	37,653
5	フィリピン	36,289
6	日本	29,751
7	オーストラリア	25,760
8	アメリカ合衆国	19,924
9	ニュージーランド	15,134
10	ギリシャ	13,676

総務省統計局「世界の統計2022」(https://www.stat.go.jp/data/sekai/pdf/2022al.pdf) ,The World Factbook「Field Listing—Coastline」(https://www.cia.gov/the-world-factbook/field/coastline/)，排他的経済水域については水産省「第1章 特集 私たちの水産資源〜持続的な漁業・食料供給を考える〜」(https://www.jfa.maff.go.jp/j/kikaku/wpaper/h22/)，面積順位については The World Factbook「Country Comparisons − Area」(https://www.cia.gov/the-world-factbook/field/area/country-comparison) などを基に筆者作成

まとめの あ と い に当てはまる語，　　う　　に当てはまる，日本が面積の割に排他的経済水域が広くなる理由をそれぞれ書きなさい。

▌ 正答例

あ：200

い：内陸国

う：国土の周辺が海に囲まれていて，離島が多い

▌ 出題意図

出題のねらい	日本の地域構成の特色を，「周辺の海洋の広がりや国土を構成する島々の位置などに着目して」多面的・多角的に考察することができているかを見取る。
評価の観点	あ　　知識・技能 い　　知識・技能 う　　思考・判断・表現
授業との関連	・日本の排他的経済水域が国土面積の割に広いのは，日本が島国であるからと予想する生徒が多い。しかし，日本が世界から見て多くの離島を持っていることも理由である。予想に加えて新たに獲得した知識や技能を用いて説明している場面を用いた問題となるようにした。 ・資料1と資料2だけでも出題は可能だが，日本が海に囲まれている，という部分のみの解答になることが予想される。資料3を提示し，日本の海岸線が長い理由として，離島が多いからであることを類推させ，このことも含めて解答させるようにした。

▌授業の概要

　本時の課題「日本の地域構成はどのような特色があるのだろうか？」について，課題追究として，日本が面積の割に，排他的経済水域が広い理由を考えている場面です。日本が島国であるからという予想に対して，新たな資料によって認識を深め，知識や技能を活用して説明している場面です。

下線部：テストの出題根拠

生徒A　排他的経済水域が広い国は，面積が広い国が多いですね。

生徒B　でも，面積順位では5位のブラジルが入っていないですね。

生徒C　ブラジルは国土の半分が<u>内陸</u>に面しています。つまり，海に面している面積が小さくなるのでしょうか。

生徒D　資料2を見ると，<u>海に囲まれた島国である日本は，排他的経済水域が広くなる</u>といえそうですね。

教　師　資料3も活用すると，どのようなことがいえるでしょうか？

生徒A　インドネシアや日本はオーストラリアやアメリカ合衆国よりも国土面積が小さいですが，資料3を見ると，海岸線はこの2つの国よりも長いです。つまりどういうことでしょうか。

生徒C　海岸線が長い，ということは地形が入り組んでいるか，<u>島が多いことが考えられます</u>。

生徒D　これまでの話をまとめると，資料2のように，<u>周りが海に囲まれていて，離島をたくさんもっている国は，排他的経済水域が広くなる</u>ということですね。

教　師　日本は，本土から離れたところにある島も大切に守っています。この理由も考えてみましょう。

なぜ世界各地では人々の生活に多様な特色が見られるのだろうか？

▌判断とその根拠を問う問題

　社会科の学習においては，判断したことを表現する力が求められています。その際に，根拠となる資料の提示や説明をすることが重要になります。

　日頃から「根拠を示しましょう」「結論に向かって分かりやすく書きましょう」「一つの見方だけでなく，様々な視点を示しましょう」と指示しているかと思いますが，この指示内容は，実は思考力，判断力，表現力等が身に付いた姿を示しているのです。つまり，教師は，学習のねらいを達成した姿を想定し，そこに向かうように生徒を導いていることになります。しかし，指示をするだけでは生徒に資質・能力は身に付きません。指示をする前提として，根拠や結論の示し方，複数の視点が提示できるような板書やワークシートの工夫など，日頃からの具体的な手立てが大切になります。

　本単元では，テストという場で判断をさせること，その根拠を問う問題を考えました。その際，判断の根拠が覚えてきた知識になってしまうことがないよう，解答に結び付く特徴が表れた資料を提示したり，他の資料との比較をすることによって，根拠が説明できるようにしたりする工夫が大切です。本単元は，学習指導要領（平成 29 年告示）解説に「場所や人間と自然環境との相互依存関係などに関わる視点に着目して」とあるように，人々の生活の特色が，自然及び社会的条件，さらには宗教から影響を受けていることを学習します。テストにおいては，特色を表した写真や資料から，どのような人々か，どこの場所かなどを判断させ，その根拠を説明させることで，資質・能力が身に付いているかどうかを判断できると考えました。

▌ テストの具体例1

　Nさんは，地図中のトンブクトゥ，ローマ，東京の三つの都市の気温と降水量を調べ，次のア～ウのグラフをつくりました。これを見て，(1)と(2)の問いに答えなさい。

三つの都市の気温と降水量

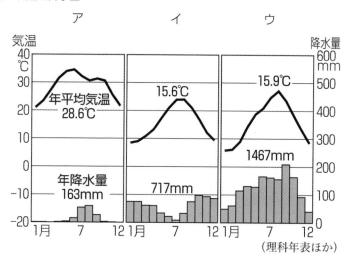

出典：『よくわかる社会の学習』(2013) 明治図書

(1) 地中海性気候のローマのグラフを，ア～ウの中から一つ選びなさい。

(2) (1)で判断した理由を，夏（最も気温の高い時期）の気温，気温と降水量の関係に触れて書きなさい。

▌ 正答例

(1)　イ

(2)　6月から9月の気温が高く，気温の高い月に降水量が少ないから。

出題意図

出題のねらい	世界各地の環境について雨温図から判断し，その根拠を問う。
評価の観点	思考・判断・表現
授業との関連	生徒は，およそ下記のような思考で，判断していると考えられる。そのため，評価問題では，この思考の流れの逆から問うことによって，理解できているかどうかを見取ることにした。

生徒の思考

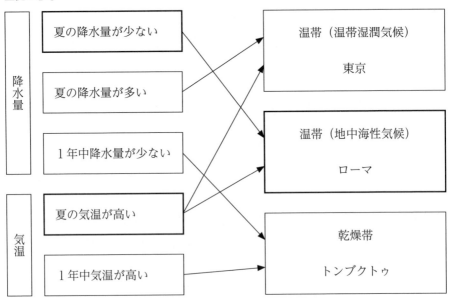

▌授業の概要

　本時の課題「なぜ同じ温帯のイタリア，トルコで異なる生活が見られるのだろうか？」の中で，イタリアの気候を調べている場面です。

下線部：テストの出題根拠

教　師　この2枚のイタリアの写真を見てください。どちらが夏で冬か分かりますか？

生徒A　晴れている方が夏，曇っている方が冬でしょうか。でも，どちらも緑があるからはっきりとは分かりません。

教　師　そうでしょう。それでは，イタリアの雨温図を見てみましょう。

生徒B　イタリアは，<u>気温は6〜9月は高いですね。</u>

生徒C　<u>降水量で見ると，冬が多く，夏は少ないのですね。</u>

生徒D　ということは，先ほどの写真の予想は合っていましたが，冬でも緑が多くなるのですね。

教　師　そういうことですね。それでは，このような気候を地中海性気候といいますが，このような気候では，どのような生活をしているのかについて見ていきましょう。次の時間は，別の資料から探究していきましょう。

　本単元では，雨温図の読み取りは欠かせません。しかし，雨温図だけで場所を特定するだけでなく，世界地図も載せることによって，場所から類推させることが大切です。南の方にあると暖かい，北の方は反対に寒い，などの法則があることによって，赤道直下なのに寒い地域があることに生徒は驚き，調べてみると「高山地帯だ」ということに気付きます。

　また，同じような緯度で温帯なのに，イタリアとトルコでは異なる生活をしています。人々の生活が気候だけでなく宗教も関係していることなどに気付かせる事例です。

世界の諸地域で生じている
課題について追究しよう

■ 資料を根拠に，地域の課題を説明する問題

　本単元では，主題を設けて課題を追究したり，解決したりする活動を通して資質・能力を身に付けることがねらいです。本項では，下記のような主題を設定しました。

① 　アジア

　「巨大な人口と急速な経済発展に着目して，アジア州の特色を追究しよう」

② 　ヨーロッパ

　「なぜヨーロッパ州ではEU統合が進み，一方で分離独立の動きもあるのだろうか？」

④ 　北アメリカ

　「世界をリードするアメリカ合衆国にはどのような特色があるのだろうか？」

⑥ 　オセアニア州

　「なぜオーストラリアは多文化社会に移行したのだろうか？」

（番号は，学習指導要領に対応）

　本単元のテストにおいては，地名や地理的事象などの知識を問うことも大切ですが，大問を通して，主題の解に迫れるように問題を構成することが重要です。様々な資料から解を導く問題や，解から一つ一つの資料を説明する問題など，思考の流れを生かした問題構成にするとよいでしょう。

▌ テストの具体例1

N さんは，中国とインドの人口に興味をもち，次のようにまとめました。これを見て，あとの問いに答えなさい。

まとめ

資料1　中国とインドの人口の変化

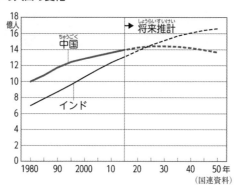

出典：『よくわかる社会の学習』（2022）明治図書

資料2　世界の合計特殊出生率

国名	1980年	2021年
インド	4.83	2.2
中国	2.61	1.7
日本	1.75	1.4

世界銀行「Fertility rate, total（births per woman）」
（https://data.worldbank.org/indicator/SP.DYN.TFRT.IN）を基に筆者作成。
合計特殊出生率：15 〜 49歳までを出産可能年齢と捉え，「1 人の女性が一生の間に産むであろう子どもの数」として算出

資料1を見ると，2015年頃まで，中国はインドに比べると，

| あ |

と考えました。

しかし，インドについては，資料1の将来推計通りにはならないだろうと判断しました。資料2を見ると，| い | と考えたからです。

(1) まとめの ［　　　　　あ　　　　　］ に当てはまることばを，中国が1979年から2014年までに実施してきた政策に触れて説明しなさい。

(2) まとめの ［　　　　　い　　　　　］ に当てはまる，Nさんの判断の根拠を書きなさい。

▌ 正答例

(1)　中国では一人っ子政策を行っていたため，人口増加が緩やか

(2)　インドは出生率が下がっているため，資料1のような急速な人口増加はしない

▌ 出題意図

出題のねらい	アジア州の人口の特色を，中国・インドの人口のグラフと，出生率のデータから読み取り，説明することができるかどうかを問う。 (1)　資料1から，中国で人口減少が起きている原因として，中国が一人っ子政策を行ってきたことを踏まえ，グラフの情報を表現できるかどうかを見取る。 (2)　資料1の将来推計が正しくないという判断から，Nさんが，判断に辿り着くまでの思考過程を辿らせる。初見の資料2をどのように活用したことで，判断の根拠にしたのかを表現できるかどうかを見取る。
評価の観点	(1)　思考・判断・表現 (2)　思考・判断・表現
授業との関連	・資料1から中国とインドの人口増加を捉える。中国とインドには，特色の違いがあることに気付かせ，その原因を追究する。

・授業においては，資料1の理由として，各国の出生率から考えさせる。出生率が2.07なら人口維持といわれるが，人口増加にはそれ以上の数字が必要となる。こうしたことを授業で理解した上で，資料2を改めて見ると，インドは，出生率がそれほど高いとはいえないため，急速な人口増加をするという予測は必ずしも適切とはいえない，ということが分かる。一方，中国は一人っ子政策を廃止したことで出生率が上がることが予想される。

・テストにおいては，資料1の将来推計が正しくない，と判断した生徒の例を取り上げ，資料2から判断の根拠を考え，表現させる。

図 問題において辿らせる思考過程

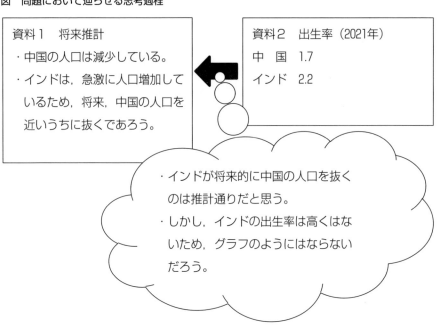

資料1 将来推計
・中国の人口は減少している。
・インドは，急激に人口増加しているため，将来，中国の人口を近いうちに抜くであろう。

資料2 出生率（2021年）
中 国 1.7
インド 2.2

・インドが将来的に中国の人口を抜くのは推計通りだと思う。
・しかし，インドの出生率は高くはないため，グラフのようにはならないだろう。

▌授業の概要

　単元の導入の課題「アジア州の人口増加や急速な経済発展，課題について疑問を出し合おう」を追究する場面です。

下線部：テストの出題根拠

教　師　資料１を見て気付いたことを挙げてみよう。

生徒A　中国もインドも人口が多いということ，中国は，2015年頃から人口の増加ペースが緩やかになっているということです。

生徒B　なぜ中国は人口の増加ペースが緩やかになっているのだろう？

生徒C　中国には，<u>一人っ子政策</u>というのがあると聞いたことがあります。

生徒D　<u>インドは，そういう政策がないから人口が増え続けてやがては中国を抜く，と考えられている，ということでしょうか。</u>

教　師　それでは，人口増加がもたらす影響について考えてみましょう。

生徒A　人口が多ければ，それだけ人がいるのだから国が発展すると考えられます。

生徒B　でも，人口が多かったら大量の食料生産が必要ということになって，国を維持していくのが大変だと思います。

生徒C　国の中で，食料を生産する人，工業に携わる人に分かれていきそうな気がします。

生徒D　でも，人口が多ければ産業に携わる人が多くなるのだから，物をつくる，得るということだけで考えても発展するのではないかと思います。

教　師　それではこれを，単元を貫く学習問題としていきましょう。まずは，人口が多いことと経済発展につながりがあるのかについて追究しましょう。

▌ テストの具体例2

　Nさんは,「なぜヨーロッパでは,失業者が増加するなどの労働問題が起きているのだろうか?」という課題を追究し,次のようにまとめました。これを見て,　あ　と　い　と　う　に当てはまることばを答えなさい。

資料3

	移民出身国（2013年）
ドイツ	トルコ,ポーランド
フランス	アルジェリア,モロッコ
スペイン	モロッコ,ルーマニア

資料4

	一人当たりの総所得（2013年）	主な宗教	主な言語
ドイツ	44,540ドル	キリスト教	ドイツ語
フランス	37,580ドル	キリスト教	フランス語
スペイン	31,850ドル	キリスト教	スペイン語
ポーランド	22,300ドル	キリスト教	ポーランド語
トルコ	18,760ドル	い　教	トルコ語
ルーマニア	18,060ドル	キリスト教	ルーマニア語
アルジェリア	12,990ドル	い　教	アラビア語 フランス語 ベルベル語
モロッコ	7,000ドル	い　教	アラビア語 フランス語

世界銀行「データ」(https://www.worldbank.org/ja/country/japan/brief/opendata),
OECD「主要指標」(https://www.oecd.org/tokyo/statistics/) を基に筆者作成

　資料3と資料4を見ると,移民出身国に共通するのは,
　　　あ　　　　ということです。トルコ,アルジェリア,モロッコの主な宗教は,　い　教徒であることが読み取れます。

また，資料４中の主な言語に着目すると，アルジェリアとモロッコは，
[　　　　　　う　　　　　　] という歴史が背景にあり，国内で対立が起こるこ
とも，労働問題の原因と考えられます。

▌ 正答例

あ：一人当たりの総所得が低い
い：イスラム
う：フランスのかつての植民地であった

▌ 出題意図

出題のねらい	ヨーロッパの労働問題について，資料を読み取って考える問題である。複数資料を用いているが，共通する部分に着目させ，必要な情報を引き出す技能と適切に表現する力を見取る。
評価の観点	あ　知識・技能 い　知識・技能 う　思考・判断・表現
授業との関連	・EU の課題を考えさせる授業において，資料からヨーロッパは，移民が増えており，国内で労働問題が起きていることを捉えさせる。 ・「あ」は，主な国の移民に関するデータを調べる中で，共通する内容として，一人当たりの総所得が低いことを読み取ることができるかどうかを見取る。授業においては，ポーランドやルーマニアなど近年の加盟国で東欧の国々があることも捉えさせたい。 ・「い」は，トルコ，アルジェリア，モロッコに共通する

宗教がイスラム教であるという知識が身に付いているか
を見取る。
・「う」は，主な言語から共通する内容としてフランス語
があることを読み取り，フランスがアルジェリア，モロ
ッコを植民地にしていた，ということを考えることがで
きるかどうかを見取る。

授業の概要

　本時の課題「EU 統合により，どのような変化や課題が生じてきたのだろ
うか？」を追究している場面です。

下線部：テストの出題根拠

教　師　この写真を見てみてください。サッカーフランス代表，ドイツの集
　　　　合写真です。どのような印象をもちましたか？

生徒A　ヨーロッパのチームなのに，アフリカ系の選手が多いのですね。

生徒B　イメージしていたフランス，ドイツとは異なっていました。

教　師　<u>フランスは，アルジェリアの移民，</u>ドイツは隣のポーランドやトル
　　　　コにルーツをもつ選手がいます。このことを例に，ヨーロッパで移
　　　　民が増えている理由を考えてみましょう。資料3と資料4を見てく
　　　　ださい。

生徒C　資料3からは，移民は，トルコ，ポーランド，アルジェリア，モロ
　　　　ッコ，ルーマニア出身だということが読み取れますね。資料4から
　　　　は，これらの国に共通するのは，<u>一人当たりの総所得が低い</u>，とい
　　　　うことですね。

生徒D　また，ポーランド，ルーマニアは，EU 加盟国ですね。また，トルコ，
　　　　アルジェリア，モロッコは，資料4から，<u>イスラム教徒が多い</u>，と
　　　　いうことが読み取れますね。

教　師　EUには移民が多くなってきたという変化が分かりました。それでは，どのような課題が生じてきたかについて考えましょう。

▌ テストの具体例３

　次は，主な農産物の栽培条件に関するものです。

　これを見て，アメリカ合衆国における，小麦，とうもろこし，綿花の農業地帯を示した地図としてその組み合わせが正しいものを，表中のア～カの中から一つ選びなさい。

資料５　主な農産物の栽培条件

	適温	降水量
小麦	冷涼少雨で育つ。成育期間の４か月は14℃。高温だと成長しすぎる。	年間500mm～750mmが最適。
とうもろこし	夏の気温が低く，降水量1,000mm以下の場合は青刈りにし，茎を資料にする。	年間1,000mmが最適。
綿花	高温と十分な日照を必要とする。成育期間は18℃以上の温度が必要。	霜が降りない期間200日，降雨あるいはかんがいは特に重要で，年間1,000～1,500mmの降水量が必要。

水野一晴（2018）『世界がわかる地理学入門─気候・地形・動植物と人間生活』ちくま新書，p.50，
川崎敏（1980）『世界の産物誌─沿革・生産条件・産地』古今書院などを基に筆者作成

	小麦	とうもろこし	綿花
ア	あ	い	う
イ	あ	う	い
ウ	い	あ	う
エ	い	う	あ
オ	う	あ	い
カ	う	い	あ

あ

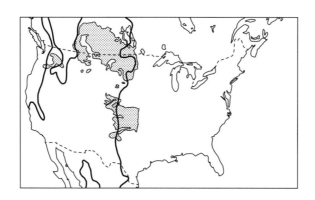

い

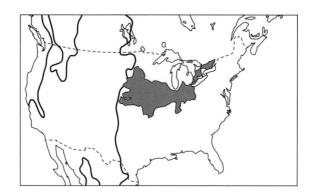

う

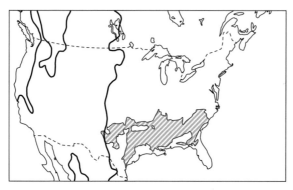

『中学社会 地理』（教育出版，令和3年度版）を基に筆者作成

▌ 正答例

ア

▌ 出題意図

出題のねらい	アメリカの農業分布が気候に基づいたものであることが理解できているかどうかを問う。
評価の観点	知識・技能
授業との関連	・白地図で,各農産物を色分けする（ICT で示してもよい）。 ・資料5を参考にして,「なぜこのような分布になるのだろうか？」という問いを追究し,各農産物が分布している理由を考えさせる。 ・図から「適地適作」という考え方を理解する。 ・図を示して,これを覚えるような授業展開,あるいは覚えたことを根拠にしたテストは望ましくない。重要なのはそれぞれの作物の栽培条件を読み取る技能によって身に付けた知識である。 ・一方,アメリカの農業はかなり商業的,戦略的な面があり,自然環境だけでは説明できない面もある。

▌授業の概要

　本時の課題「なぜアメリカ合衆国は『世界の食糧庫』と呼ばれるようになったのだろうか？」について，追究している場面です。

下線部：テストの出題根拠

教　師　地図帳に基づいて，白地図に，農業の分布を色分けしてみよう。
　　　　　（作業をさせる）

教　師　なぜ色を分けたような分布によって，アメリカ合衆国の農業は行われているのでしょうか？

生徒A　<u>小麦は，「冷涼少雨で育つ」ということと，降水量が少ないところで栽培される</u>ということから，<u>北部の方で栽培されていることが分かります。内陸でも栽培していますが，ここはプレーリーという乾燥地帯</u>ですね。

生徒B　<u>とうもろこしは，「夏の気温が低い」「降水量1,000mmが最適」ということから，内陸で栽培される</u>と思いました。

生徒C　<u>綿花は，「高温と十分な日照を必要とする。成育期間は18℃以上の温度が必要」「年間1,000〜1,500mmの降水量が必要」とあるので，温かい南部で栽培される</u>と考えました。

生徒D　農産物には栽培条件があるので，それぞれの条件に合う土地で農業を行った結果，色を塗り分けたような分布になると考えました。

教　師　このような農業を，「適地適作」ということがあります。

　このあとの授業展開では，アメリカの農業が一戸当たりの面積が大きく，大規模に行っていることなどを扱い，「世界の食糧庫」と呼ばれる理由について追究します。

▌ テストの具体例4

　次は，南太平洋のサモア独立国に関する説明です。説明中の ┌ あ ┐ に当てはまることばを書きなさい。

　地図中のサモア独立国（1997年から国名変更）は，2011年12月29日（木）24時に，国土の西側に引かれていた日付変更線を東側に移動させました。その理由は，資料6から，┌ あ ┐ と考えられます。

地図

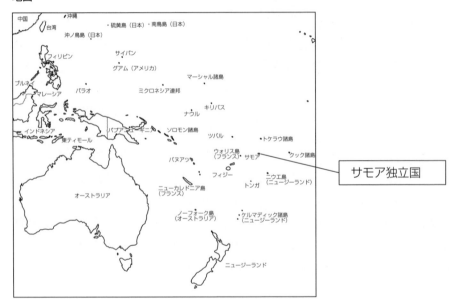

資料6　サモアの輸出相手国

1983年（西サモア）		2009年	
アメリカ合衆国	31.7%	オーストラリア	75.3%
ニュージーランド	25.7%	ニュージーランド	20.0%
オーストラリア	12.2%	アメリカ領サモア	6.6%
		アメリカ合衆国	4.0%

『データブック オブ・ザ・ワールド　世界各国要覧と最新統計　1994年版』と
『同　2012年版』二宮書店　を基に筆者作成

正答例

　日付変更線より西側のオセアニアの国が輸出に占める割合が多くなったため（アメリカ合衆国と同じ日付より，オーストラリアと同じ日付になった方が，貿易がしやすくなるため）

出題意図

出題のねらい	サモア独立国が日付変更線を変えたことの背景に，貿易相手国の変化があったことを，資料から読み取り表現できるかどうかを問う。
評価の観点	思考・判断・表現
授業との関連	・授業では，オーストラリアが多文化社会に移行した背景を追究する。移民の出身地域の資料などから，アジアからの移民が増えていることからアジアとの結び付きが強まったことが背景にあることに気付かせる。 ・学習のまとめとして，南太平洋のサモア独立国を取り上げ，貿易相手国の変化が，日付変更線を変えるということにまで影響を及ぼすことを捉えさせる。

・授業では，日付変更線を示した地図からサモア独立国の変化を捉えさせ，その要因として，貿易相手国の変化に着目させた。授業で扱わず，テストで初見資料として出題することも可能である。

・「世界全体の等時帯」の資料を提示し，日付変更線の変更によってサモア独立国が世界で最も朝が来るのが遅い国から早い国になった変化やそのことによる影響を考えさせる，などの出題も可能である。

■ 授業の概要

単元の課題「なぜオーストラリアは多文化社会に移行したのだろうか？」のまとめの場面です。

下線部：テストの出題根拠

教　師 単元の課題のまとめを発表しましょう。

生徒A オーストラリアは，白人以外を差別する白豪主義という政策がありましたが，アジア諸国との結び付きが強くなり，多文化社会に移行しました。

生徒B アジア諸国との結び付きが強くなったから多文化社会に移行する，というのなら，そもそも人種差別的な政策は行わないはずなので，まずこの政策を変える理由があったのではないでしょうか。

生徒C 白豪主義と呼ばれる政策は，1970年代まで続いていましたが，これは，イギリスがECに加盟した時期と重なります。このことで，イギリスがヨーロッパ諸国とのつながりを重視し始めたことに伴い，オーストラリアも他国とのつながりに変化が生じたのだと思います。

生徒D このあと，アジア諸国との結び付きが強まって，貿易相手国も変わり，移民の受け入れも増えていった，ということでしょうね。

教　師　よく深めることができましたね。では，サモア独立国という国の事
　　　　例から考えていきましょう。この国は，日付変更線の位置を変えま
　　　　した。これまでの学習を踏まえて考えましょう。

生徒A　日付変更線を変える前は，アメリカと同じ時差だったのに，変えた
　　　　後は，オーストラリアと同じ時差になったのですね。

生徒B　つまり，世界で最も遅く朝が来る国だったのに，最も早く朝が来る
　　　　国にしたということですね。

生徒C　これは，オーストラリアと同じにしておいた方が，時差がなくて交
　　　　易がしやすいということなのでしょうね。

生徒D　確かに，資料を見ると，サモア独立国の貿易相手国はオーストラリ
　　　　アが多くなったのですね。中国もあります。オーストラリアと同じ
　　　　ように，結び付きが変わると，国も変化するのですね。

教　師　アメリカ合衆国と同じ日付を用いてきましたが，オーストラリアや
　　　　中国などとの経済的な結び付きが強くなったため，日付変更線を移
　　　　動させました。住んでいる人たちは，何も実感していないのに，地
　　　　図上で日付が変わっているというもの面白いですね。ちなみにサモ
　　　　ア独立国は，2011年12月29日（木）の次は12月31日（土）というこ
　　　　とになってしまいました。

生　徒　えー！　12月30日（金）がスキップされてしまったのですね。

日本の地域的特色に基づいて，日本の地域区分を考えよう

▌ 生徒の作業を評価する問題

　本単元は，「①　自然環境」「②　人口」「③　資源・エネルギーと産業」「④　交通・通信」を学習し，それぞれの特色についてテストで問う方が出題しやすいと考えます。

　本単元は，上記の学習を基に，地域区分をする技能や，①〜④までの項目に基づく地域区分などに着目して，それらを関連付けて多面的・多角的に考察し，表現するという資質・能力を身に付けさせることが求められています。この資質・能力は生徒の作業を通して身に付けさせ，成果物で評価していくことになります。

　テストを作成するのが難しい学習の一つとして，生徒の作業による授業が挙げられます。これは，作品などの成果物によって評価するのが一般的です。成果物自体が，生徒が「見方・考え方」が働かせたものだといえるからです。

　そこで，この項目では，生徒が学習によって身に付けた技能や作業中の思考を評価する問題例を提案します。

▌ テストの具体例１

　Ｎさんは，単元のまとめとして，新たな地域区分を作成するため，地図
１と地図２をつくりました。これを見て，あとの問いに答えなさい。

地図１　人口増減率（2020）で区分した地図

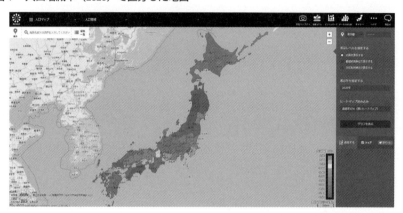

出典：RESAS（地域経済分析システム）「人口増減」

（https://resas.go.jp/population-sum/#/map/13/13101/0.5/2020/0/5.337023755677913/39.01818888379966/141.06684564203704/-）

地図２　標高で区分した地図

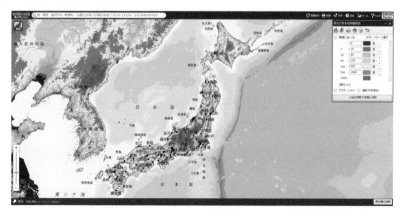

出典：国土地理院ウェブサイト「地理院地図」（https://maps.gsi.go.jp/）

問 Nさんは，地図1から埼玉県，東京都，神奈川県は都道府県の区分で見ると人口が1.0%増加していますが，区市町村の区分で見ると，人口が減少している地域もあることに気が付きました。そこで，標高に着目し，人口増減と標高から新たな地域区分を考えることにしました。しかし，地図2を見ると，埼玉県と東京都は，海沿いを除きほとんどが標高50m以下に区分されているため，区市町村別の標高区分ができません。

　Nさんは，地図2の標高区分をどのように変えれば区市町村別の標高区分ができるようになるか説明しなさい。

▌正答例

標高50m以下の区分をさらに細かく区分する

▌出題意図

出題のねらい	①～④までの項目に関する学習により作成された複数分布図や地域区分を重ね合わせて関連付け，複数の項目による新たな地域区分を行う際の，指標の用い方の技能を問う。
評価の観点	思考・判断・表現　知識・技能
授業との関連	・地域区分をする際，重要なのは「指標」をどのように用いるかである。指標は一つではなく，複数の指標で区分することができることを授業で身に付けさせる。 ・どんな特徴を見いだしたいかで用いる指標は変わること，指標が変われば地域の見え方も変わることに気付かせる。 ・区分は，各種統計など作成することもできるが，地理院地図やRESAS（地域経済分析システム）などのICTを積極的に活用し指標の違いにより地域の見え方が異なることを実感を伴って捉えさせたい。

▌授業の概要

　本時の課題「日本の地域的特色に基づいて地域区分した視点について考察しよう」をグループで，追究している場面です。

下線部：テストの出題根拠

生徒A　日本を人口密度で区分したのに，生徒Bさんと，私の区分図では，違って見えますね。

生徒B　ちょっと見せてください。これは，私とは階級区分図の区切れ目が違うからですよ。私は，「100人未満，100〜1000人，1000人以上」で区分しましたが，生徒Aさんは，「50人未満」も区分に入れているからですよ。

生徒A　確かに，<u>生徒Bさんが一色で塗っている地域の中に，私は二色で塗っている場所がありました。</u>

生徒B　<u>同じ場所でも区分の仕方で見え方が違ってきますね。</u>

生徒作品

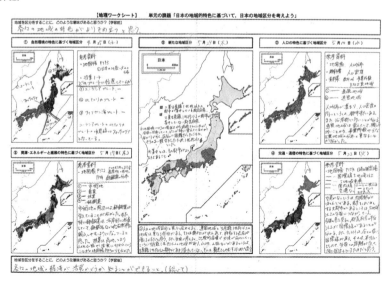

日本の諸地域の
特色を追究しよう

▎ 資料を根拠に，地域の特色を説明する問題

　本単元では，主題を設けて課題を追究したり，解決したりする活動を通して資質・能力を身に付けることがねらいです。本項では，学習指導要領に示された考察の仕方に基づいて，下記のような主題を設定しました。

① 　自然環境を中核とした考察の仕方

　「九州地方の人々はどのように自然環境を生かしているのだろうか？」

③ 　産業を中核とした考察の仕方

　「なぜ中部地方では，農業・工業の生産額がともに高いのだろうか？」

④ 　交通や通信を中核とした考察の仕方

　「なぜ東北地方では，格子状に交通網を整備しようとしているのだろうか？」

⑤ 　その他の事象を中核とした考察の仕方

　「なぜ関東地方は日本国内や外国との結び付きが強いのだろうか？」

（番号は，学習指導要領に対応）

　テストにおいては，各地方で用いた考察の仕方に即して出題するのが原則ですが，学習が進んでいれば，他の考察の仕方に応用できているかを問う問題も考えられます。例えば，中部地方を，自然環境を中核として学習し，テストでは産業の視点から出題し，学習した考察の仕方が身に付いているかを見取る問題にすることもあるでしょう。地域の特色の理解に重点を置くのか，考察の仕方の習得に重点を置くのかにより評価問題を考えることができます。

テストの具体例1

Nさんは，地理的分野の授業で九州地方を学習したあと，次の地図Aと地図Bをつくりました。また，これらから分かったことを次のようにまとめました。これを見て，あとの問いに答えなさい。

まとめ

地図A

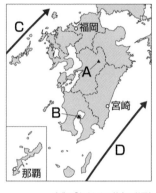

出典：『よくわかる社会の学習』
(2013) 明治図書

地図B

出典：国土交通省九州地方整備局大隅河川国道事務所
「桜島広域火山防災マップ」

　地図中のBの周辺地域は，[　　　　　　]であることが考えられます。この地域は，シラスと呼ばれるものによってできた台地が広く分布しています。

(1) まとめの [　　　　　] に当てはまる文として正しいものを，次のア〜エの中から一つ選び，その記号を書きなさい。

　　ア　火山に降り積もる雪害の危険がある範囲

　　イ　火山の活動による津波の浸水の範囲

　　ウ　火山の噴火による騒音が起こる範囲

　　エ　火山の噴火物の影響を受ける範囲

(2) 下線部の特色と，これが広がる地域の様子について述べた文として正しいものを，次のア～エの中から一つ選び，その記号を書きなさい。

ア　軽くて水を通しやすく，水の確保が難しいため，サツマイモの栽培や畜産を行ってきた。

イ　軽くて水を通しやすいが，水の確保ができるため，稲作を行ってきた。

ウ　重くて水を通しにくく，水の確保が難しいため，サツマイモの栽培や畜産を行ってきた。

エ　重くて水を通しにくいが，水の確保ができるため，稲作を行ってきた。

▌ 正答例

(1)　エ
(2)　ア

▌ 出題意図

出題のねらい	九州地方の自然環境について，火山の影響のあることを踏まえた上で，人々がどのような生活をしているかについて問う。 (1)　桜島広域火山防災マップから，火山灰の被害があることを読み取ることができているかを見取る。 (2)　シラスの特色と，それによりどのように農業をしているのかを理解できているかを見取る。
評価の観点	(1)　知識・技能 (2)　思考・判断・表現
授業との関連	・地図帳やハザードマップで桜島の火山の被害を読み取り，どのような影響があるのかを捉える。 ・このような自然環境の中でどのように農業を行っている

| | のかについて調べ，考えさせる。 |

▌ 授業の概要

　本時の課題「九州地方の自然環境は，人々の生活や産業とどのように結び付いているのだろうか？」を追究している場面です。

下線部：テストの出題根拠

教　師　桜島のハザードマップを見ると，どのようなことが分かりますか。

生徒A　<u>周辺に火山灰が広がるおそれがあること</u>が分かります。

教　師　桜島などには，シラスと呼ばれる古い火山の噴出物が広がっています。これの特色は何でしょうか？

生徒B　<u>軽くて水を通しやすい</u>という特色があります。

教　師　シラスの多い地域には，どのような課題があると考えられますか？

生徒C　こういうところでは，<u>水の確保が難しいので，農業をするのが大変だ</u>ということでしょうか。

教　師　そうですね。それでは，どうやって農業を行っているのか，見てみましょう。

生徒D　<u>灌漑を行うなど，水を引いたり，サツマイモなど比較的水を必要としない農産物を育てたり</u>しているのですね。

▌ テストの具体例2

　Nさんは，東海地方の農業について調べ，次の地図３と資料１をつくりました。また，これらから読み取れることを，あとのようにまとめました。
　まとめの　│　A　│　と　│　B　│　に当てはまる文の組み合わせとして正しいものを，表中のア～エの中から一つ選び，その記号を書きなさい。

地図３

資料１　各地の１月の平均気温と日照時間

	伊良湖	金　沢
１月の平均気温（℃）	5.7	3.8
１月の日照時間（時間）	180.0	63.5

気象庁「過去の気象データ検索」
(https://www.data.jma.go.jp/obd/stats/etrn/index.php)
を基に筆者作成

まとめ

　│　A　│　渥美半島では，メロンや電照栽培された菊が園芸農業として有名です。
　東海地方の農業の発展には，自然条件とともに，│　B　│という社会的条件も影響しています。

表

	A	B
ア	1月の平均気温が低く，日照時間が短い	大消費地と東名高速道路で結ばれている
イ	1月の平均気温が低く，日照時間が短い	首都圏と近畿との交通の結び付きが弱い
ウ	1月の平均気温が高く，日照時間が長い	大消費地と東名高速道路で結ばれている
エ	1月の平均気温が高く，日照時間が長い	首都圏と近畿との交通の結び付きが弱い

▌ 正答例

ウ

▌ 出題意図

出題のねらい	東海地方の農業の特色について，高速道路に関する地図と気候に関する資料を読み取って判断することができるかどうかを問う。
評価の観点	思考・判断・表現
授業との関連	・地図帳から，東海地方の農産物を読み取る。 ・「なぜ東海地方でメロンがつくられるのか？」などの問いを通して，東海地方の気候の特色を調べさせる。その際，資料1のように平均気温と日照時間に着目させ，東海地方が冬の割には平均気温が高く，1日の日照時間も長いことをつかませる。

| | ・北陸の農産物は米，東海地方は園芸農業，中央高地は野菜の抑制栽培，などのような事実が羅列される授業展開は望ましいものではない。一つ一つの事実を資料に基づいて明らかにする学習を通して，資質・能力を身に付けさせることが大切である。 |

■ 授業の概要

　本時の課題「中部地方の農業にはどのような特色があるのだろうか？」を追究している場面です。

下線部：テストの出題根拠

教　師　東海地方の農業の特色を地図帳で調べて，地図にまとめてみましょう。

（グループ学習）

生徒A　渥美半島では温暖な気候を生かして，野菜や菊の花などの園芸農業が行われています。

生徒B　地図を見ると高速道路が近くにあるため，輸送しやすい場所で生産しているということが考えられます。

生徒C　静岡県の牧之原や磐田原では茶の栽培が盛んに行われています。

生徒D　地図を見ると，富士山の近くであるため，九州地方のように火山灰の影響があることも理由だと考えました。

教　師　気候を生かして農産物を栽培しているということですね。

　このあとの授業展開では，中央高地，北陸地方の農業について扱い，特色について追究します。

▌ テストの具体例３

　Ｎさんは，地理的分野の授業で東北地方を学習したあと，次の地図を作成しました。Ｎさんは，地図４中のA—B，C—D，E—Fの各地点を結び，地理院地図を用いて，次の断面図あ～うをつくりました。

　地図４中の地点と断面図あ～うとの組み合わせとして最も適切なものを，表１中のア～カの中から一つ選び，その記号を書きなさい。

地図４

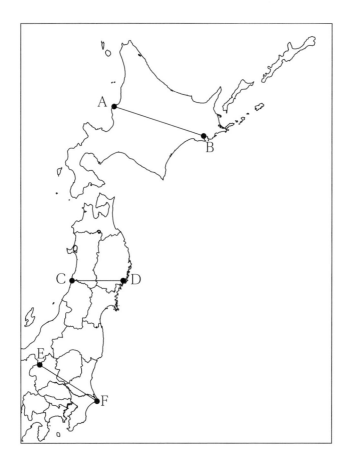

あ

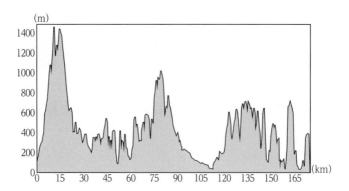

い

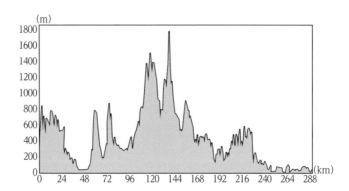

う

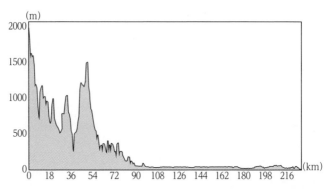

国土地理院ウェブサイト「地理院地図」（https://maps.gsi.go.jp/）を基に筆者作成

表1

	A—B	C—D	E—F
ア	あ	い	う
イ	あ	う	い
ウ	い	あ	う
エ	い	う	あ
オ	う	あ	い
カ	う	い	あ

▌ 正答例

ウ

▌ 出題意図

出題のねらい	関東地方，東北地方，北海道地方を学習した状態の生徒が，単に東北地方の地形を覚えている，ということではなく，東北地方の地形の特色について理解できているかを問う。 　「う」は平地が続いていることから関東地方であることは分かる。「あ」と「い」のどちらが東北地方かを考える際，「い」は，断面図の右側（太平洋側にあたる）に，わずかな平地があるが，これは根釧台地である。北海道地方の学習の際に，根釧台地の農業を学習したことが，ここで生かされることをねらいとしている。「あ」のような地形であることを身に付けるためには，授業展開から説明したい。
評価の観点	知識・技能 思考・判断・表現

■ 授業の概要

　本時の課題「東北地方の学習問題を考えよう」について追究している場面
です。

下線部：テストの出題根拠

教　師　東北地方の交通網を見ると，どのようなことが分かりますか？

生徒A　格子状に交通網がつくられていることが分かります。

教　師　それでは，どうして格子状交通網になっているのでしょうか。予想
　　　　してみましょう。

生徒B　災害で道が使えなくなったときの，迂回ルートになるからではない
　　　　でしょうか。

生徒C　都市間をつなぐ，ということではないでしょうか。

生徒D　地形的に，格子状につくるしかなかったからではないでしょうか。

教　師　それでは，これを，単元を貫く学習問題としていきましょう。まず
　　　　は，地形から調べていきましょう。地理院地図で東北地方の断面図
　　　　をつくってみましょう。

生徒A　<u>東北地方は，海岸からすぐに山地となり，日本海側に出羽山地，中
　　　　央に奥羽山脈，太平洋側に北上高地があります。</u>

生徒B　<u>東北地方には平地が少ないようですね。</u>

教　師　これまで学習した地域も調べてみてください。

生徒C　やはり関東地方は平地が多いようですね。

生徒D　このような地形だからまず南北に道路を開通させ，東西にトンネル
　　　　工事をするなどして都市間をつないだ結果，格子状の交通網になっ
　　　　たのですね。

教　師　次の時間は，別の資料から探究していきましょう。

　次の時間からは，観光地同士をつなぐネットワーク，震災が起きた際の対
策としての交通網などを追究し，東北地方の交通・通信の特色を捉える学習
を展開していきます。

▍テストの具体例4

　次は，関東地方の農産物の特色についてまとめたものです。まとめの
　　　あ　　　　と　　　　い　　　　に当てはまることばとして最も適切な
ものを，ア～エの中から一つ選び，その記号を書きなさい。

まとめ

　資料6から関東地方の農産物は，葉物野菜が多いということが読み取れま
す。資料6から北海道と長野県を除く上位5県の位置に着目すると，それら
の県は，　　　あ　　　という共通した特色が読み取れます。葉物野菜は，
他の野菜に比べて，　　　い　　　ため，収穫して出荷されてからできる
だけ早く消費者に届けられる必要があります。そのため，　　　あ
ところの県で生産されている傾向があると考えました。

資料6　関東地方の農産物の生産（2017年）

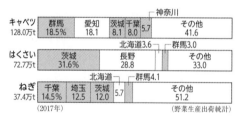

出典：『よくわかる社会の学習』（2022）明治図書

資料7　東京の市場に入荷する野菜の入荷量（2009年）

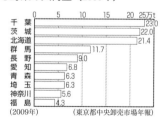

出典：『よくわかる社会の学習』（2013）明治図書

ア　あ－大消費地から遠い　　　い－長く保存ができる

イ　あ－大消費地から遠い　　　い－保存がきかない

ウ　あ－大消費地から近い　　　い－長く保存ができる

エ　あ－大消費地から近い　　　い－保存がきかない

▌ 正答例

エ

▌ 出題意図

出題のねらい	関東地方の農業の特色を他地域との結び付きから理解できているかどうかを問う。テストの具体例2は，気候に着目して野菜や花がつくられている理由を考えたが，この例では，葉物野菜の特色から他地域との結び付きを考えさせる問題となっている。 　「あ」については，東京都に近いという共通点を見いだすことがねらいである。東京が大消費地であるということと結び付いているかどうかもポイントである。
評価の観点	知識・技能 思考・判断・表現
授業との関連	「い」については，葉物野菜の特色で保存がきかないという点である。この点を踏まえて，新鮮さを保つために輸送の速さが必要なことがつかめるかどうかがポイントである。北海道の学習において，生乳に対して加工乳の割合が高いことを，保存と関連付ける問題もある。ここでの考え方が北海道の学習において活用できるようになることもねらいとしている。

▌授業の概要

　本時の課題「東京や関東地方には，どのような産業が発展し，他地域と結び付いているのだろうか？」を追究し，農業について調べている場面です。

下線部：テストの出題根拠

教　師　関東地方の農業の特色を地図帳から捉えてみましょう。

生徒A　つくっているものとしては，野菜の割合が高いです。

生徒B　その野菜もキャベツ，ハクサイ，ネギなどいわゆる葉物野菜が多いです。

生徒C　葉物野菜はいたみやすいので，消費地の近くでつくる必要があります。

生徒D　つくりやすい自然条件というより，商業的な目的もあるのですね。

教　師　そうですね。ところで，ハクサイは長野県産，ネギは北海道のものもありますね。これはなぜでしょう。

　授業では，長野県産のハクサイは，抑制栽培を行っていること，北海道は冬の時期にじっくりとネギを育てていること，などを資料からつかむようにします。

　授業で，班で分担する発表形式をとると，班ごとに習得した知識が異なるため，「テストがつくりにくい」という話を聞きます。しかし，資料の内容に関する知識ではなく，資料からどのように結論を導いたのか，その思考過程を出題することで，どの班に所属していても，授業のねらいが達成できているかを見取る問題にすることができます。

私たちの学校周辺の課題は
どのように解決していけばよいのだろうか？

▌ 持続可能性に着目して考えさせる問題

　本単元は地域の課題を把握し，その解決策を考察，構想する単元です。地理的分野で唯一の構想を含む単元ですので，テストで評価するよりも成果物で評価することが多い単元です。

　地域調査のテストは，地形図を読み取らせたり，地図記号を覚えたりすることだけではありません。この単元では，地形図や地図記号から地域の実態や課題を把握することがねらいであり，テストは把握するための過程で身に付ける技能や，課題解決を考えている場面を取り上げることが大切です。

　これまでの地理的分野の学習を踏まえて，生徒が住む地域の実態や課題解決のための取組を理解させるためには，この学習を見据えて，1学年から授業を計画する必要があります。最終的な目標として，自らの地域の課題に目が行くように，世界や日本の諸地域の学習でも課題を捉えさせていたか，自分の地域と同じような課題をもつ地域はないか，という視点で学習をさせてきたかが重要です。

　さらに，本単元では，持続可能な社会づくりの点から地域を見ることが求められています。実現不可能な解決策ではなく，地域の実態や将来を見据えた解決策を考えることができるように指導していくことが大切です。

　テストは，本単元において追究している場面を取り上げ，資質・能力が身に付いているかどうかを判断するための問題として提案するものです。

テストの具体例1

　Nさんは，地理院地図を用いて埼玉県戸田市と東京都北区，板橋区周辺の地形図をつくりました。これを見て，あとの問いに答えなさい。

地図1　戸田市周辺の指定緊急避難場所

地図2　JR埼京線戸田公園駅と浮間舟渡駅を結んだ断面図

地図3　地図1，地図2の範囲の陰影起伏図

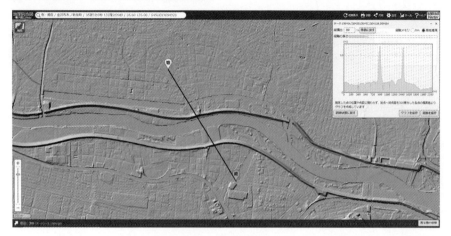

地図1～3の出典：国土地理院ウェブサイト「地理院地図」(https://maps.gsi.go.jp/)

(1) 地図1は，埼玉県戸田市でどのような災害が起きることを想定しているか，地図2と地図3から書きなさい。

(2) (1)の災害に対して，今後この地域では，どのような対策が必要になるか，地図2と地図3から書きなさい。

▌ 正答例

(1)　標高が低く，起伏も少ないため，近くを流れる荒川が増水したときに洪水が起こること，大雨のときに浸水することが想定されている。

(2)　荒川の流れている高さよりも低い土地もあるため，洪水を防ぐためには土手を強化したり，避難場所を確保したりする対策が必要である。

▊ 出題意図

出題のねらい	地形図や主題図の読み取りを通して，地域の課題を把握し，その解決策を構想し，表現することができるかを問う。 (1)　地域の実態や課題解決のための取組を理解しているかを見取る。 (2)　地域の在り方について，課題を把握し，その解決策を考察，構想し，表現することができるかを見取る。
評価の観点	(1)　知識・技能 (2)　思考・判断・表現
授業との関連	・本単元は，C(4) 地域の在り方の中に，C(1) 地域調査の手法と結び付けて実施する。また，2 年間の地理的分野の学習のまとめとして位置付ける。 ①課題把握 　各種統計や地形図，主題図などを用いて，地域の課題を把握させる。このテストにおいては，GIS を用いて地域の自然環境から洪水，浸水の被害があることを捉える場面を取り上げる。 ②対象地域の把握 　対象地域に関する情報を提示する。本単元では，ハザードマップや過去の災害の記録などを取り上げる。 ③課題の要因の考察 　類似の課題が見られる国内外の他地域との比較，関連付けを行う。 ④課題の解決に向けた構想 　レポート集などを作成する。テストでは，①〜③の場面を取り上げて，評価問題として作成した。

なぜわが国では 様々な時代の表し方をするのだろうか？

中学校の歴史学習の導入の学習と評価問題

　本単元は，中学校の歴史学習の導入として学習することが原則となっています。そのため，小学校での学習を生かした授業にすることが大切です。

　ここでは，例えば「16世紀は何年から何年までか？」という問いに基づいて知識を身に付けさせたり，「1800年という西暦は，元号何年か？」という問いによって調べさせたりする技能の指導も求められます。しかし，こうした知識や技能を覚えさせるようにして習得させようとすると，導入から，歴史に対して苦手意識をもつ生徒を生み出すことになってしまいます。

　そこで，小学校での学習を振り返る学習によって，中学校の歴史学習に必要な時代区分に結び付けることが大切になると考えます。ここでは，「歴史を大きく変えた人物」と対外関係上の出来事を事例としましたが，ICT を活用するなどして，文化財などを事例にした学習も考えられます。

　本単元では，このような生徒たちの学習活動を評価し，次の学習への意欲を高められるようなテスト問題を提示します。

テストの具体例１

　Ｎさんのクラスでは，小学校で学習した人物のうち「歴史を大きく変えた人物」を班で数名挙げ，歴史の年表上に書き込みました。これを見て，(1)と(2)の問いに答えなさい。

年表

	古代			中世		近世		近代
	飛鳥	奈良	平安	鎌倉	室町	安土桃山	江戸	明治
人物名	聖徳太子	聖武天皇	藤原道長	源頼朝	足利義満	織田信長 豊臣秀吉	徳川家康	伊藤博文
対外関係上の出来事	遣唐使が始まる	鑑真が日本にわたる	遣唐使をとりやめる	元軍が攻めてくる	明との貿易が始まる	朝鮮・中国（明）軍が秀吉軍を退ける		日清戦争が起こる

(1) Ｎさんが年表をまとめて分かったことを述べた文として**誤っているもの**を，次のア～エの中から一つ選びなさい。

　ア　政治の中心地による時代区分に活躍した人は，全て武士が挙げられています。

　イ　挙げられた人物の多くが武士でしたが，武士は中世と近世で活躍したといえます。

　ウ　古代で活躍した人を見ると，古代は天皇と貴族による時代だったといえます。

　エ　明治からは，元号が時代区分になっていることが分かります。

(2) 次は，Nさんが年表中の対外関係上の出来事について気付いたことを
まとめたものです。まとめの ［＿＿＿＿＿＿＿＿＿＿＿＿＿＿］ に当てはまるこ
とばを書きなさい。

まとめ

　対外関係上の出来事を年表に整理したら，現代における国際協調や平和
の意味を考えるようになりました。その理由は，友好，対立に分けたとこ
ろ，［＿＿＿＿＿＿＿＿＿＿＿＿］ からです。

▌ 正答例

(1)　ア
(2)　中国とは，長い間友好よりも対立の方が多かった

▌ 出題意図

出題のねらい	年代の表し方や時代区分の意味や意義について基本的な内容を問う。 (1)　年表に示された大きな時代区分と細かな時代区分の意味が理解できているかを見取る。 (2)　年表に示された対外関係上の出来事が中国との関係であることに気付き，現代における国際協調や平和の意味を見いだした判断の根拠を表現することができているかを見取る。
評価の観点	(1)　知識・技能 (2)　思考・判断・表現
授業との関連	・小学校で学習した人物のうち「歴史を大きく変えた人物」を各班で数名挙げ，それらの人物を選んだ理由を説明さ

| | せる。そこで，人物が時代を変えるのではなく，人物が変えた時代を，のちの人間が区分したということを理解させる。
・小学校の教科書に載っている年表から中国との関係が書かれているところを年表に整理し，気付いたことを話し合う。そして，中国との友好と対立の歴史から現代における協調や平和について考えさせる。 |

▌授業の概要

　本時の課題「小学校の学習内容を，歴史の年表上に書き込もう」を追究し，分かったことを発表している場面です。　　　　　下線部：テストの出題根拠

教　師　それぞれの班で年表が完成しましたね。完成した年表を見て，気付いたことを全体に向けて発表してください。

生徒A　武士を挙げている人が多かったのですが，<u>武士が活躍している時代は中世と近世なので，この二つは武士が活躍した時代を区分したものだ</u>と思いました。

生徒B　<u>細かな時代区分を見ると，政治の中心地で時代区分をしていること</u>が分かりました。

生徒C　<u>この年表では，明治だけが元号になっていますが，これ以降は元号による時代区分がされている</u>と思いました。

教　師　元号は，天皇が崩御したときに変わります。しかし，平成から令和のときは天皇が退位して，新たに即した日から元号が変わりました。元号が変わる前に，新しい元号が発表されましたが，この方が珍しかったのですね。

生徒D　対外関係上の出来事を記入してみると，<u>日本は中国との関係が深かった</u>ことが分かります。これを，<u>友好と対立で分類すると，対立の方が多い</u>ことが分かりました。

学校周辺の地域には，どのような歴史的な特徴があるのだろうか？

歴史的分野の学習に必要な基礎・基本を問う問題

　本単元も，歴史的分野の学習の導入として位置付くものです。本単元は，学習指導要領（平成 29 年告示）に「関心をもって」とあるように，社会科三分野の中で唯一，態度形成に関する記述があります。具体的には，「主体的に調べ分かろうとして課題を意欲的に追究する態度を養う」ことが，解説にも示されています。テストにおいて，態度を評価することは非常に難しいため，ここでは，関心をもたせる学習の工夫と，追究している場面を取り上げ，歴史的分野の学習に必要な基礎・基本が身に付いているかどうかを問う問題を提案します。

　また，身近な地域という単元は学校や各教師が，その地域の実態に合わせて授業づくりができる単元です。それゆえの資料づくりや人材確保などの準備も大変になりますが，地域を通して歴史的分野の学習への関心を高めることが重要です。これ以降の時代の学習では，世界の歴史を背景に日本の歴史を学習しますが，本単元では小学校で学習した日本の歴史を背景とした地域の歴史の特徴を考察する場面を取り上げました。さらに，本単元において，学習指導要領（平成 29 年告示）「地理的分野の学習」にも配慮，とある点については，「地理的分野C（4）地域の在り方」で取り上げたのと同じ地域を扱い，連携の事例として提示しました。「内容のB以下の学習と関わらせて計画的に実施」とある点については，具体的な人物や文化財とのつながりを扱い，こののちの時代でも再び地域の歴史に目がいくような工夫をしました。テストは，本単元を学習する場面を取り上げた問題を提案します。

▌ テストの具体例 1

　次は，Nさんが「身近な地域の歴史」の学習の際に作成した，埼玉県戸田市に関係する年表です。これを見て，(1)と(2)の問いに答えなさい。

年号	西暦	戸田市関係事項
縄文前期	−3000頃	この頃戸田周辺で狩猟生活が営まれる。戸田市本町で，この頃の十三菩提式深鉢形土器が発見されている
慶長11	1606	11月27日　徳川家康，戸田で鷹狩を行う（武州文書・当代記・新編武蔵風土記稿）
享保5	1720	2月27日　笹目の出身といわれる武女，名古屋から東海道を江戸に向かい，3月5日に江戸に着く（庚子の記）
明治8	1875	5月24日　戸田橋が完成（県立文書館）
昭和60	1985	9月30日　埼京線開業

戸田市郷土博物館（1991）『戸田市史年表』ぎょうせい，

埼玉ゆかりの偉人（https://www.pref.saitama.lg.jp/a0305/ijindatabase/index.html）を基に筆者作成

(1) Nさんは，1606年に家康が鷹狩を行っていた理由を調べるため，郷土博物館に行き，学芸員さんから次の資料を手に入れました。この資料を基に，鷹狩を行っていた理由を書きなさい。

資料

- 寛永5（1628）年10月28日　徳川家光が，鷹場の地域を定める。

（徳川実紀・徳川禁令考）

- 享保2（1717）年9月11日　徳川吉宗が，戸田領をはじめ江戸近郊の9領が，将軍家の鷹場に指定される。

（徳川実紀・武内家文書）

(2) 次は，Nさんがあるテーマに沿って作成したものです。Nさんがどの
ようなテーマについて調べようとしたと考えられるか，地図と年表の出
来事から書きなさい。

地図　戸田市1972〜82年（左）と現在（右）

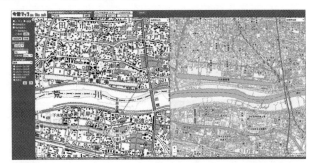

この地図は，時系列地形図閲覧サイト「今昔マップ on the web」
https://ktgis.net/kjmapw/（(C)谷　謙二）により作成したものです

▌ 正答例

(1)　鷹場は，江戸の周辺につくられていたので，鷹狩を行うことで，周辺
の地域も見て回っていたと考えられる。
(2)　交通に関する出来事が多いのと，埼京線が開通する前後の写真を比べ
ていることから，戸田市は周辺の地域とどのように結び付きがあるのか，
をテーマにしていると考えられる。

▌ 出題意図

出題のねらい	身近な地域の歴史について調べたり，収集した情報を年表などにまとめたりする技能と，特徴を考察することができるかを問う。
	(1)　年表に示された出来事と，資料から地域の歴史を捉

	える技能が身に付いているかを見取る。
	(2)　地図とまとめられた年表に示された情報から，地域のどのような歴史的特徴を捉えようとしているのかを判断し，表現することができているかを見取る。
評価の観点	(1)　知識・技能
	(2)　思考・判断・表現
授業との関連	・地域の文化財や地域の発展に尽くした人物の業績などを小学校で学習した内容と合わせながら年表にまとめ，現在とのつながりを考えさせる。
	・博物館や郷土資料館などの方々の協力を得たり，ICTを活用したりしながら，自分が関心をもって調べたいことについて，課題を設定して追究させる。

■ 授業の概要

　本時の課題「集めた地域の資料から，年表をつくり，郷土資料館の方に質問したいことをまとめよう」を追究し，発表している場面です。

下線部：テストの出題根拠

教　師　戸田市の年表が完成しましたね。完成した年表を見て，追究したいと思ったことを挙げてください。

生徒A　戸田市のある場所は，<u>江戸幕府の将軍たちが鷹狩をしている場所だった</u>ということが分かりました。具体的にどの場所で行っていたのか，なぜ行っていたのかを知りたいと思いました。

生徒B　<u>荒川を越える戸田橋</u>は，江戸時代には完成して，現在でも戸田市と東京都板橋区を結んでいます。ここでは今でも花火大会が行われるなど伝統行事が残っていますが，この橋ができてどのように人々の動きが変わったのかを聞きたいと思いました。

　地理的分野　C(1)地域調査の手法，(4)地域の在り方との連携も配慮します。

ア（イ）日本列島における国家形成

日本では，どのようにして国家が形成されていったのだろうか？

▌ 史実から史・資料の活用の過程を辿らせる問題

　歴史の授業の方法の一つとして，資料を読み取り，史実を明らかにする学習があります。例えば，歴史家が事実を明らかにする追体験をするような学習が数多く実践されています。授業者は，

　「生徒がどのような資料を収集・活用したか」

　「生徒がどのような思考過程で結論してその史実を導いたか」

　「多様な視点から考え，結論を導いているか」

　「根拠に妥当性はあるか」

など を基に，評価をすることになるでしょう。

　上記のような授業をテスト問題にするのは難しいと思われますが，授業で身に付けた資質・能力を見取る評価問題を提案します。

　知識が中心の問題が出題されれば，生徒にとっては授業と評価問題が別のものになってしまいます。また，生徒が授業で行ったのと同じ思考過程を問うだけでは，思考・判断・表現の観点から評価することはできません。

　そこで，授業においては課題を追究することによって明らかにした史実を，テストにおいては，どのように史・資料を活用して史実を明らかにしたのか，その思考過程を辿らせる問題をつくることによって，授業とテストの一体化を試みました。

テストの具体例1

　Nさんは，大和政権の勢力について調べ，次のようなレポートにまとめました。これを見て，(1)と(2)の問いに答えなさい。

レポート

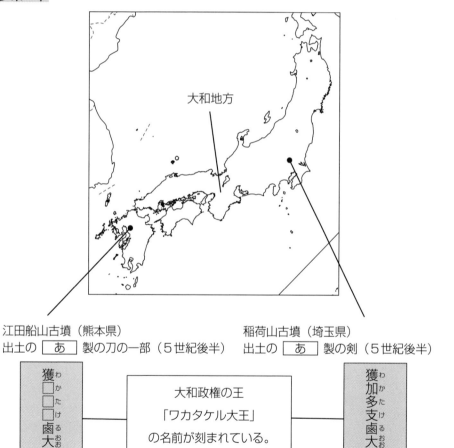

江田船山古墳（熊本県）
出土の　あ　製の刀の一部（5世紀後半）

稲荷山古墳（埼玉県）
出土の　あ　製の剣（5世紀後半）

獲
□（か）
□（た）
□（け）
鹵（る）
大王（おおきみ）

大和政権の王
「ワカタケル大王」
の名前が刻まれている。

獲（わ）
加（か）
多（た）
支（け）
鹵（る）
大王（おおきみ）

※権利の都合上，鉄剣の図は省略

3～4世紀頃に，現在の奈良盆地に成立した大和政権の勢力範囲を調べるため， あ に着目しました。

当時， あ は，延べ板のような形で朝鮮半島からもたらされていました。 あ は貴重なものだったので，朝鮮半島と関係のあった大和政権と各地の豪族は関係をもとうとしたことが分かりました。

 い ということから，5世紀後半，大和政権は，九州と関東と結び付いていた，と結論付けました（大和政権の勢力範囲を調べるには，さらに前方後円墳の分布を調べる必要があります）。

(1) N さんのレポートの あ に当てはまる語を書きなさい。

(2) N さんのレポートの い に当てはまることばを書きなさい。

▌正答例

あ　鉄

い　九州と関東で同じ文字（ワカタケル大王の文字）の入った（鉄）刀や（鉄）剣が見つかっている

▌出題意図

出題のねらい	大和政権が結び付いていた場所について，どのような思考過程によって結論付けたのかを問う。
	「あ」ではレポートからNさんが鉄に着目していることを読み取り，朝鮮半島など東アジアとの関係について理解しているかどうかを見取る。
	「い」ではレポートにあらかじめ示されたNさんの結論から，Nさんが資料を読み取って答えを導いていく思考

	過程を辿らせる。
評価の観点	(1)　知識・技能
	(2)　思考・判断・表現
授業との関連	・大和政権による統一と勢力の広がりは，古墳の分布とともに考える。前方後円墳は大和政権に認められた豪族がつくることができたことなどが主な理由である。
	※問題中の（　　　）は，不要部分であるが，古墳の分布の図などがあれば，この部分を出題することも可能である。
	・当時，鉄は貴重なものであり，朝鮮半島からもたらされた。大和政権が朝鮮半島と結び付きがあったことから各地の豪族が大和政権に近づいていったことを捉える。大和政権のワカタケル大王の名が刻まれた鉄剣が関東地方の埼玉県と九州地方の熊本県から見つかっていることから，この二つの地域と大和政権には結び付きがある，という結論に至る思考過程の一部を出題した。

▌ 授業の概要

　本時の課題「大和政権は，どのように勢力を広げ，中国や朝鮮半島と交流していったのだろうか？」を追究し，発表している場面です。

下線部：テストの出題根拠

A　班　私たちの班は，前方後円墳に着目しました。前方後円墳は大和政権に認められた豪族がつくれるものである，と考えられているため，古墳の分布を調べることによって大和政権の勢力が分かるのではないかと思いました。前方後円墳は，全国にこれだけの数があります。

B　班　私たちの班は，鉄に着目しました。<u>鉄は，当時大変貴重なもので，</u>

朝鮮半島からもたらされました。大和政権は，朝鮮半島とつながり
があったため，各地の豪族は鉄を求めて大和政権との結び付きを強
めようとしました。そのため，鉄が見つかった場所は，大和政権と
結び付きがある場所と考えました。その結果，熊本県の江田船山古
墳出土の鉄刀と埼玉県の稲荷山古墳出土の鉄剣は，どちらにも大和
政権の「ワカタケル大王」の名が刻まれていることが分かりました。

C　班　私たちの班は，「倭王武が中国の皇帝に出した手紙」から，東アジ
ア諸国との関係を調べました。この手紙では，中国の皇帝にお願い
して，朝鮮半島の高句麗を退けたいと言っています。日本は，朝鮮
半島よりも強大な中国との結び付きを強めようと考えていたことが
分かりました。

　授業で，班で分担する発表形式をとると，班ごとに習得した知識が異なる
ため，「テストがつくりにくい」と聞きます。しかし，資料の内容に関する
知識ではなく，資料からどのように結論を導いたのか，その思考過程を出題
することで，どの班に所属していても，授業のねらいが達成できているかを
見取る問題にすることができます。

▌ テストの具体例2

　Nさんは，古代の土地制度の変化を調べ，次の資料1と資料2を見つけました。また，これらから分かったことを次のようにまとめました。これを見てあとの(1)〜(4)の問いに答えなさい。

まとめ

資料1　改新の詔　646年

> 1　_a皇室の私有地や私有民，および，豪族の私有地や私有民を廃止する。
> 2　初めて戸籍と課税台帳をつくり，班田収授法を定める。
> 3　労役の中心の税を改めて，_b与えた田の面積に応じて税をとる。

資料2　墾田永年私財法　743年

> 「開墾した田は，三世一身の法によって，期限がくると公地として取り上げられてしまう。そのため農民には働く意欲がわかず，一度開墾してもまた土地があれてしまうことになる」と聞く。
> 今後は_c開墾した土地は全て，自由に私有の財産とし，三世一身の法のように，公地としてとりあげることは永久にしないこととする。

　資料1から資料2にかけて，土地制度の原則が崩れたと結論付けました。そのように考えたのは，資料1では，田は，　　う　　のに対し，資料2では，田を　　え　　ことが認められるようになったからです。

(1) 下線部 a のような状況を何と呼んでいるか書きなさい。

(2) 下線部 b を何と呼んでいるか書きなさい。

(3) 下線部 *c* について，貴族や寺社が開墾を行った土地は，のちに何と呼ばれるようになったか書きなさい。

(4) まとめの ［　う　］ と ［　え　］ に当てはまることばを書きなさい。

▌正答例

(1)　公地・公民

(2)　口分田

(3)　荘園

(4)　う：(国から) 与えられた

　　　え：私有 (財産) とする

▌出題意図

出題のねらい	古代の土地制度の変化についてどのような思考過程によって結論付けたのかを問う。 　(1)～(3)は，この部分の基礎的な知識が身に付いているかを見取る。 　(4)は，結論付けるための情報を資料から引き出して表現することができるかどうかを見取る。 　「う」は，律令制の初期は，田は国から与えられるものであったこと，「え」は，墾田永年私財法によって土地の永久の私有化が認められたことを読み取らせたい。Nさんが二つの資料を読み取って答えを導いていく思考過程を辿らせるため，二つ合っていて正解とする。
評価の観点	(1)，(2)，(3)　　知識・技能 (4)　　　　　　　思考・判断・表現

授業との関連	・奈良時代の土地制度を学習したのち，口分田の不足から新たな開墾を奨励し，土地が私有化されることを学習する。その際，律令制の始まりであった公地・公民を振り返り，その原則が崩れることを捉える。 ・(1)～(3)は，問いを追究する過程で身に付ける。 ・(1)～(3)の知識・技能を活用して，(4)をまとめる。

▌授業の概要

　本時の課題「奈良時代の土地制度の仕組みについて調べよう」を追究し，前の時代との推移や変化について，話し合っている場面です。

下線部：テストの出題根拠

生徒A 　墾田永年私財法を見ると，土地の私有化を認めていることが分かります。どうしてでしょうか？

生徒B 　奈良時代に口分田を与えたけれど，人が増えれば不足します。また，新たな土地を開墾する必要があったからだと思います。

生徒C 　新たに土地を開墾しても，三代までしか私有できなかったら誰もやらなくなります。だから，土地の私有化を認めたのでしょうね。

生徒D 　そうだとすると，改新の詔に書かれていた「公地・公民」の原則は崩れていくことになりますね。

教　師 　新たに開墾すれば，私有できると話していましたが，それは，農民にとっては簡単なことではなかったようですよ。この時代に，それが可能だったのはどういう人たちだったと思いますか？

生徒E 　国によって守られていた貴族ならできたと思います。または，仏教に関わる寺社の人々ですね。

教　師 　そうですね。こういった私有地を荘園と呼ぶようになりました。

▌テストの具体例３

　次は，藤原氏の家系図を読み取って，藤原道長がどのように政治の実権を握ったのかについて話し合っている場面です。これを見て，(1)～(3)の問いに答えなさい。

生徒A　[X] の人物には兄弟姉妹関係が２名，子供が５名書かれていますね。

生徒B　[X] の人物の兄弟姉妹には天皇に嫁いだ人がいて，のちの天皇を生んだ人がいるのですね。

生徒C　[X] の人物の娘の中には，天皇に嫁いで，のちの天皇を生んだ人がいますね。

生徒D　[X] の人物の孫の中には，のちの天皇の母親となった者はいませんね。

資料３　藤原氏の家系図

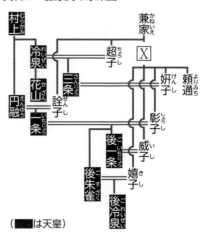

（■■■は天皇）

出典：『よくわかる社会の学習』
(2022) 明治図書

結　論　[X] の人物は，□□□□□□□□ ことによって，政治の実権を握った。

(1) 資料３中の [X] に当てはまる人物名を書きなさい。

(2) 資料３の読み取りとして**誤っている生徒**を，A～Dの中から一人選びなさい。

(3) 結論の □□□□□□□□ に当てはまることばを書きなさい。

▌ 正答例

(1) （藤原）道長

(2) （生徒）D

(3) 娘を天皇の后とし，生まれた孫（その子）たちを天皇にする

▌ 出題意図

出題のねらい	藤原氏が政治の実権を握った理由を，どのような思考過程によって結論付けたのかを問う。 (1)　藤原道長について基礎的な知識・技能が身に付いているかを見取る。 (2)　家系図を読み取る技能を見取る。 (3)　家系図を読み取る技能を活用しながら，政治の実権を握った史実を導く過程を辿らせることで思考力を見取る。定番の出題方法であるが，(2)と合わせることにより，家系図を読み取る技能を用いて解答しているのか，暗記的な知識によってのみ解答しているのか，生徒の状態を推測することができると考えた。
評価の観点	(1)，(2)　知識・技能 (3)　　　思考・判断・表現
授業との関連	・授業において，家系図を読み取り，藤原氏が政治の実権を握っていく過程を説明させる。 ・道長の子に着目させると，娘の中には姉の子に嫁いだ者がいること，天皇家から見れば道長の娘と孫の両方と婚姻関係をもっていることが読み取れる。現代の倫理観で考えるのではなく，藤原氏の政略であり，皇位継承の事実であることなど，深い学びにさせたい。

ア（ア）武家政治の成立とユーラシアの交流

なぜ武士が政権を立て，影響力を及ぼすようになったのだろうか？

ア（ウ）民衆の成長と新たな文化の形成

民衆の成長を背景にどのように社会や文化は変化したのだろうか？

▋ 時代の大観を問う問題

　時代を大観することは，歴史学習の大きな目標の一つです。学習指導要領（平成 29 年告示）には「イ（イ）　中世の日本を大観して，時代の特色を多面的・多角的に考察し，表現すること」とあるように，各特色の理解を大きく捉えることが前提にあります。そして，「政治の展開，産業の発達，社会の様子，文化の特色など他の時代との共通点や相違点に着目して」関連付ける活動が求められています。このような学習は，単元のまとめに行い，「その結果を言葉や図などで表したり，互いに意見交換したりする活動」を通して，思考力，判断力，表現力等を身に付けさせます。

　多くの場合は，その「言葉や図」などの成果物によって，資質・能力が身に付いているかどうかを判断しており，評価問題として提示することは非常に難しいと思われます。

　そこで，中世の大観をするまでの学習活動をテストの出題場面とし，図や表を読み取ったり解釈したりすることで，時代の特色を見いだすまでの思考の流れを問う評価問題を作成しました。

▌ テストの具体例1

　Nさんは，北条泰時がどのような政治を行ったのかについてまとめました。これを見て，(1)から(3)の問いに答えなさい。

まとめ

・1221年，承久の乱が起きてから，幕府は京都に　[　　あ　　]　を置き，朝廷を監視し，西国の武士を統制するようになりました。

・次の地図を見ると，承久の乱後，[　　　　い　　　　]　ということから，鎌倉幕府の支配が全国に広がったことが分かります。

承久の乱後に幕府によって守護の交代があった国

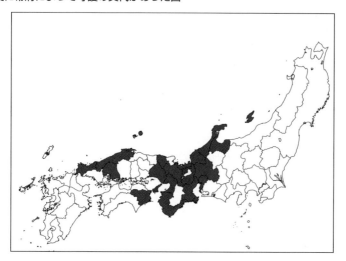

『社会科　中学校の歴史』(帝国書院，令和3年度版)を基に筆者作成

・しかし，各地で慣習が異なり，争いが絶えず，執権の北条泰時は，[　　　　　う　　　　　]　ため，御成敗式目を制定しました。御成敗式目は，その後の武家の基準となりました。

(1) まとめの あ に当てはまる語を書きなさい。

(2) まとめの い に当てはまる鎌倉幕府の支配が全国に広がったと判断した根拠を書きなさい。

(3) まとめの う に当てはまる御成敗式目を制定した理由を書きなさい。

▋ 正答例

(1)　六波羅探題

(2)　守護の交代があった国が西国に多い

(3)　裁判の基準を示す

▋ 出題意図

出題のねらい	承久の乱による幕府政治の変化を背景とする，北条泰時の御成敗式目の制定目的を問う。 (1)　承久の乱による幕府の組織についての知識が身に付いているかどうかを見取る。 (2)　承久の乱によって鎌倉幕府の勢力が西国に及ぶようになった，という結論について，Ｎさんが資料を読み取って答えを導いていく思考過程を辿らせる。 (3)　社会の変化に関する文から，御成敗式目の制定の目的を説明させる。
評価の観点	(1)　　知識・技能 (2)，(3)　思考・判断・表現
授業との関連	・鎌倉時代の政治の展開として，承久の乱の後，鎌倉幕府の勢力が西日本に拡大したこと，各地で道徳や倫理観が異なることになり，規範となる法令を整備するために御

| | 成敗式目を制定したことなどを捉える。 |

授業の概要

　本時の課題「鎌倉を中心とした武士の政権はどのような特徴をもっていたのだろうか？」について，グループ学習で調べたことを発表，質疑応答をしている場面です。

下線部：テストの出題根拠

生徒A　これから，私たちのグループによる源頼朝の死後の幕府の様子についての発表を始めます。承久の乱は，院政を行っていた後鳥羽上皇が，3代将軍源実朝が暗殺されて源氏の将軍が途絶えたのを機に，1221（承久3）年，幕府を倒すために兵をあげたものです。

生徒B　幕府は，大軍を送って後鳥羽上皇の軍を破り，上皇に味方した貴族や武士から取り上げた土地は，幕府側の東国の武士に恩賞として与えられました。承久の乱以後，幕府と東国武士による支配が西国にも及びました。これで発表を終わります。

生徒C　生徒Aさんに質問です。承久の乱の後，幕府は，朝廷や西国の武士に対して，何か対策をしたのでしょうか？

生徒A　地図を見てください。幕府は京都に<u>六波羅探題</u>を置きました。これにより朝廷を監視し，西国の武士を統制するようになりました。

生徒D　生徒Bさんに質問です。承久の乱以後，幕府と東国の武士による支配が西国に及んだといっていましたが，なぜそういえるのですか？

生徒B　地図を見ると，承久の乱以後に<u>守護の交代があった国が西国に多い</u>ということが分かります。これを根拠に幕府の支配が西国に及んだと考えました。

生徒E　東国の人は，西国をうまく支配できたのでしょうか。

生徒A　確かに，東国と西国では慣習が異なり，争いが絶えませんでした。執権の北条泰時は，<u>裁判の基準として</u>御成敗式目を制定しました。

▌ テストの具体例2

　Ｎさんは，中世の学習の終わりに，中世の特色を振り返り，次のようなまとめをつくりました。これを見て，あとの問いに答えなさい。

まとめ

　中世の特色を考えるために，産業の発達に着目し，古代との共通点や相違点について，表1にまとめました。

表1

	古代	中世
貨幣	・富本銭 ・和同開珎	・宋銭 ・明銭
土地	・未開地が多く，農業生産力が低い。 ・6歳の男女に口分田が配られる。その土地を与えられた農民に税がかけられた。	・開墾だけでなく，同じ面積の土地からいかに多くの収穫を得るかが重視されるようになった。 ・年貢を領主におさめることは村単位で共同して行っていた。
社会	・多くは農民であった。	・様々な職業の人々がいた。

　室町時代は，[　　　　　あ　　　　　]ことがなくてもよい社会になったため，職業の種類が飛躍的に増えました。室町時代の人々は，貨幣によって食料を得ることができたと考えました。

　次に，社会の様子に着目し，中世の後半で起きた一揆について，表2にまとめました。

表2

	土一揆	国一揆	一向一揆
事例	正長の土一揆（1428） 嘉吉の土一揆（1441）	山城国一揆 （1485～93）	加賀の一向一揆 （1488～1580）
中心	農民	地域の武士，農民	浄土真宗の僧，武士，農民
要求	徳政令	守護大名などの排除	政治的・経済的な要求

　　ここから，中世は，[　　　　　い　　　　　]社会になったと考えました。

(1) [　　　　　あ　　　　　]に当てはまる室町時代に様々な職業の人々が
　　いた理由を書きなさい。

(2) まとめの下線部について述べた文として**誤っているもの**を，次のア～エ
　　の中から一つ選びなさい。
　　ア　陸上の運搬では，馬借や車借が活躍していた。
　　イ　各地の港町では，問などの運送業者が活躍した。
　　ウ　農民に稲を貸し付け，高い利息を取る人々もいた。
　　エ　京都・奈良などには土倉や酒屋などの金融業者がいた。

(3) まとめの[　　　　　い　　　　　]に当てはまることばを書きなさい。

▌正答例

(1)　自ら食料をつくる

(2)　ウ

(3)　同じ利害をもつ者同士のヨコの結び付きの強まった

▌出題意図

出題のねらい	中世を大観し，時代の特色を多面的・多角的に考察し，表現することを問う。
評価の観点	(1)　思考・判断・表現 (2)　知識・技能 (3)　思考・判断・表現
授業との関連	(1)　産業の発達 ・中世は古代とは異なり，農業生産力が向上し，食料生産に余裕が生まれ，食料を自らつくらなくてもよい時代となった。 ・食料生産以外の職業でも貨幣を持っていれば，食料を得ることができるのは，現代社会と同じである。表1を見て，古代と比較した中世の特色を捉えさせる。 (2)　産業発達 ・中世の職業については，網羅的な知識の羅列にならないようにしたい。中世では貨幣の流通によって様々な職業が成り立ち，物流が盛んになったこと，交通が整備されること，さらに貨幣を持たない者には，貸す側の人間も現れる，などという視点で調べさせる。 ・古代の貨幣，交通とを比較させて深めさせる。 (3)　社会の様子 ・中世は，主従関係による結び付きから，共通の利害をもつ者同士の結び付きに変化してきた。中世でこれまで起きてきた戦乱は主従関係が背景にあったが，表2を活用し，ヨコのつながりが背景にあることに変わったことに気付かせる。

▌授業の概要

　単元のまとめ「中世の学習を振り返り，時代を大観しよう」を追究し，時代の特色を考察する場面です。

下線部：テストの出題根拠

教　師　古代から貨幣があるのに，中世になると，貨幣（お金）が流通していきますが，それはなぜでしょうか。貨幣が成り立つ社会とは，どのような社会かを考えてみましょう。

生徒A　お金に信頼がある。お金を持っていれば，物と交換できる。

生徒B　そもそも物が十分に人々に行き渡らなければ，お金を持っていても仕方がないですね。

教　師　そうですね。室町時代には，鎌倉時代から始まった米の裏作として麦を育てる二毛作が西日本を中心に広がりました。また，作物に人の糞尿を肥料として施したり，牛馬による耕作も広がったりしたんだよ。この他にも，水田稲作に必要な用水を確保するため，灌漑の技術が広く普及したよ。

生徒C　なるほど。つまり，<u>自分で食料をつくらなくてもよい社会になった</u>から貨幣が成り立ち，流通したのですね。

教　師　そうだね。だから，<u>室町時代には職人の種類が飛躍的に増加したね</u>（鍛冶屋，結桶師などの様々な職人や馬借，車借，問などの運送業者や土倉や酒屋などの金融業者を調べさせる）。

教　師　ところで，室町時代には一揆がたくさん起きますが，これも社会の変化の中で捉えられないでしょうか。

生徒D　鎌倉時代は，主従関係でのつながりによる戦乱がありましたが，<u>室町時代は，戦っているのがつながりをもった農民や武士であったり，宗教でつながった人々であったりした点が</u>，これまでの戦乱とは異なっていますね。<u>ヨコのつながりがある</u>ように思います。

教　師　そうですね。中世の特色が捉えられましたね。

ア（ア）世界の動きと統一事業

安土桃山時代は，どのような特色があるのだろうか？

▎時代の特色を考察する授業づくりと評価

　本単元の構成は下記のように，（1）「なぜ鉄砲とキリスト教は日本に伝わったのだろうか？」，（2）「織田信長・豊臣秀吉はどのような社会を築いたのだろうか？」，（3）「安土桃山時代の文化は，どのような特色だったのだろうか？」という大きな三つの問いによって構成しています。これらの問いを考察することによって，安土桃山時代の特色をつかみ，近世社会の基礎の理解の一部とすることをねらいとしています。

三つの問いによる構成

```
                    安土桃山時代の特色
```

ヨーロッパ人の来航によって鉄砲やキリスト教が伝来し，南蛮文化が発展した。	織田・豊臣の統一事業により，中世までの社会の変容をもたらした。	武将や豪商の気風や経済力を背景とした豪壮・華麗な文化であった。

　本単元では，安土桃山時代の文化の特色から，それまでの時代の文化と比較したり，文化が生まれる社会背景などを考察したりします。しかし，文化の学習においては，「作者名と作品名の組み合わせを覚える」「○○文化と言えば□□という特色」といったいわゆる暗記に陥る傾向がありました。その

ため，授業では比較，背景をキーワードに考察をさせ，テスト問題においては，学習過程と一体化したものを作成する必要があります。

テストの具体例1

Nさんは，豊臣秀吉の太閤検地について，資料1，資料2を調べ，次のようにまとめました。これを見て，(1)〜(3)の問いに答えなさい。

資料1　検地帳

（等級）	（面積）	（石高）	（耕作者名）
下田	六歩	石一升八合	宗右衛門
下田	拾五歩	四升五合	総八郎

（越後国＝新潟県）加茂上條村

資料2　刀狩令（1588年）

一，諸国の百姓が，刀，脇ざし，弓，槍，鉄砲，その他の武具を持つことを禁止する。その理由は，百姓が必要のない道具をたくわえて年貢やその他の税を納めず，一揆をくわだてて武士によくないことをして処罰されると，その者の田畑は耕作されず，領主が得る年貢が減るからである。大名やその家臣は，百姓の武具を全て集めて差し出すようにせよ。

（一，集めた刀や脇ざしなどは京都の方広寺の大仏の釘やかすがいに使う。そうすれば，百姓は来世でも救われるであろう）

※（　）はテストでは掲載しない。

まとめ

豊臣秀吉の太閤検地によって，中世から続いていた荘園制度が崩れたと考えました。中世の荘園は公家や寺社が土地の権利をもっていましたが，検地帳には　あ　が記されていたからです。また，刀狩によって農民から武器を取り上げ，　い　ことになりました。太閤検地と刀狩によって，武士と農民との身分の区別が明確になる兵農分離の状態になりました。

(1) まとめの　あ　に当てはまることばを，資料1を参考に書きなさい。

(2) まとめの　　い　　に当てはまることばを，資料2を参考に書きなさい。

▌ 正答例

(1)　耕作者名

(2)　農業だけに専念させる

▌ 出題意図

出題のねらい	織田・豊臣による統一事業による社会の変化を問う。
	(1)　豊臣秀吉の政策によって，中世社会が変容したことを理解できているかどうかを見取る。
	(2)　豊臣秀吉の政策によって，近世社会の基礎が築かれたことを表現できているかを見取る。
評価の観点	(1)　知識・技能
	(2)　思考・判断・表現
授業との関連	・(1)は，太閤検地の資料を読み取って，中世の荘園制度が否定されたことを理解させる。テストにおいては，中世社会が変容したという結論から，その判断の根拠に当たる部分を考えさせ，資料の中から適切な部分を示させることによって，知識・技能を評価する問題となるようにした。
	・(2)は，刀狩令の資料を読み取ってその目的を明らかにし，兵農分離という近世社会の基礎ができたことを考察させる展開に対し，テストでは，兵農分離という結論から，その根拠となる刀狩の内容を説明させることで，思

考過程を見取る問題となるようにした。

授業の概要

　本時の課題「豊臣秀吉は，どのような社会を築いたのだろうか？」を追究し，近世社会の基礎を考察する場面です。　　　　下線部：テストの出題根拠

教　師　検地帳と刀狩令を読み取り，その理由も話し合いましょう。

生徒A　検地帳には，土地のよしあし，面積，石高，<u>耕作者が書かれている</u>ので，その土地からどれくらいの収穫があるかを示す必要があったと思います。

生徒B　年貢をどれくらい納めるかを，示すものだったということですね。

生徒C　それでは，耕作者を書いた目的は何だったのでしょうか？

生徒D　耕作者に責任感をもたせるためでしょうか？

教　師　それまでの時代を振り返り，土地は誰がどのように管理していたか思い出してみましょう。

生徒A　荘園というのがあり，貴族や寺社が管理していたと思います。

生徒B　そして，鎌倉時代の執権政治の頃，荘園支配に地頭が現れて，土地の管理で争いが起きた時代がありましたよね。

生徒C　<u>耕作者を書くということは，土地がなかった人にいきなり土地が手に入るということですか。貴族や寺社はどう思ったのでしょう…。</u>

生徒D　土地の所有をはっきりさせ，中世の社会が大きく変わりましたね。

生徒A　刀狩令からは，農民は武器を取り上げられたことが分かります。

生徒B　反乱を起こすと耕作されず，領主の年貢が減るから，とあるけれどかなり強引な理由ですね。

生徒C　武器は，大仏をつくるためというのも理解されたのでしょうか。

生徒D　結局，耕作者に名前を書かれてしまったから，農業に専念するしかないのだろうね。

■ テストの具体例2

　Ｎさんは，「安土桃山時代の文化は，それ以前の文化とどのような違いがあるのだろうか，またその違いはどのような政治や社会の動きから生まれたのだろうか？」をテーマに調べ，次の表と資料3と資料4にまとめました。(1)と(2)の問いに答えなさい。

表

文化	特色	政治や社会の動き
天平	大陸の影響を受けた貴族文化	遣唐使などによって中国からもたらされた
国風	平安京で花開く貴族文化	遣唐使の派遣を取りやめ，自国への関心が高まった
鎌倉	武士の工夫にあった力強い文化	新たな支配者となった武士　分かりやすい仏教
室町	華やかさと素朴さが織りなす芸術	禅宗や大陸の影響を受けた武家と公家の文化の融合
安土桃山	富があふれた壮大で豪華な文化	う

資料3　伝狩野永徳作唐獅子図屏風

イラストの出典：『よくわかる社会の学習』（2022）明治図書

資料4　姫路城

（提供：姫路市）

　伝狩野永徳作唐獅子図屏風は，狩野永徳の作品とされ，金箔の上に描かれています（東京都　宮内庁三の丸尚蔵館）。姫路城は丘につくられた平山城で，美しい白壁から白鷺城と呼ばれています。

(1) 表中の [う] に当てはまる安土桃山文化の背景とな
る政治や社会の動きを，資料3，資料4から書きなさい。

(2) Nさんは，安土桃山時代の文化の特色を「今を楽しもうとする活気あ
る民衆文化」であるとまとめました。Nさんがそのように説明するため
に必要な資料を，次のア〜エの中から一つ選びなさい。

ア　阿国歌舞伎「歌舞伎図鑑」 　　　　名古屋市　徳川美術館蔵	イ　能舞台「洛中洛外図屏風」

ウ　『法然上人絵伝』 　　　　京都市　知恩院蔵	エ　源氏物語絵巻 　　　　名古屋市　徳川美術館蔵

※権利の都合上，図は省略

▌正答例

(1)　武将や豪商の気風や経済力が背景にあった
(2)　ア

▌出題意図

出題のねらい	安土桃山時代の特色を，①それ以前の文化との違い，②その違いがどのような政治や社会の動きから生まれたのか，という問いによって考察させ，その結果として身に付いた思考力，判断力，表現力等を問う。 (1)　安土桃山時代の文化の背景となる政治や社会の動きが理解できるかどうかを見取る。 (2)　安土桃山時代の文化が「今を楽しむ庶民」という特色がある，という理解に基づき，その説明に合う資料を選択・判断する力を見取る。 　文化に関する問題は，暗記的な知識を根拠にした問題

	になる傾向があるが，授業において比較という「見方・考え方」を働かせて特色をつかませることで，テストにおいては特色から資料を説明させたり，前の時代の特色との比較で判断させたりする問いにできると考える。
評価の観点	(1)　思考・判断・表現 (2)　知識・技能
授業との関連	(1)に関する授業展開 ・大阪城や姫路城の天守閣，唐獅子図屏風や二条城の二の丸御殿大広間などの写真から，大名の権力を示していることを考察させる。 ・各時代の建築物と比較し，安土桃山時代の特色として，仏教の影響が薄れていることなどに気付かせる。 ・政治や社会の背景として，幕府の支配から独立した戦国大名や，ヨーロッパ人との貿易などを中心として繁栄した商人たちがいたことを考えさせる。 ・テストにおいては，資料3と資料4と各時代の文化の特色をまとめた表から，文化の背景を説明させることで，表現力を評価する問題とした。 ・問う場所を変えることで特色を問う問題にもできる。 (2)に関する授業展開 ・阿国歌舞伎の絵から特色を読み取らせ，「女歌舞伎であること」「庶民，子供，宣教師などが描かれていること」「人々が楽しんでいること」などに気付かせる。 ・テストにおいては，安土桃山文化の特色を示し，それに合う資料を選択させることで，授業で考察した内容から知識・技能を見取る問題とした。 ・(2)は，資料から特色を結び付ける問題にすることもできる。

▌授業の概要

　本時の課題「安土桃山時代の文化の特色はどのようなものなのだろうか？」
を追究し，時代の特色を考察する場面です。

下線部：テストの出題根拠

教　師　資料（姫路城，唐獅子図屏風，西本願寺浪の間の欄間，歌舞伎踊り，
　　　　キリシタン版平家物語など）から，安土桃山時代の文化とそれ以前
　　　　の文化との違い，その違いがどのような政治や社会の動きから生ま
　　　　れたのか，グループで考えましょう。

生徒がまとめた表

資料	それ以前の文化との違い	政治や社会の動き
姫路城	山城から平山城に変化した。城下町がつくられた。	戦国時代で城主の威厳を示していた。
唐獅子図屏風	金箔の上に描かれている。	(1) 大名や商人の富や権力を表す時代であった。
西本願寺欄間	豪華な彫刻。以前の建築物にはあまり見られない。	(1) 大名や商人の富や権力を表す時代であった。
歌舞伎踊り	庶民，子供，宣教師も参加している文化であった。	(2) 今を楽しもうとする気風が高まった。
キリシタン版平家物語	ローマ字で表記された印刷物。	ヨーロッパ人の来航による影響を受けていた。

教　師　まとめとして，安土桃山時代の文化は，それまでの時代と比べると，
　　　　どのような特色だったといえるかな？
生徒A　古代は貴族の文化，中世は仏教の影響が強かったといえます。その
　　　　ため，安土桃山時代の文化は仏教の影響が薄れ，庶民の文化になっ
　　　　たという特色があると思います。
生徒B　キリスト教の影響を受けた文化であること，キリスト教徒との交易
　　　　で富を築いた大名や商人が背景にあるのも特色だと思います。

ア（I）幕府の政治の展開

なぜ幕府の政治は
行き詰まりを見せたのだろうか？

▌ 公正に選択・判断する力を問う問題

　歴史の学習は，史実を追うことだけでなく，歴史的事象が多様な側面をもっていることに気付かせ，様々な角度からや，いろいろな立場に立って追究することが可能です。しかし，こうした学習には，個人の価値判断が入りやすいところであり，資料を適切に収集，選択，活用させて，資料を根拠に選択・判断する力を身に付けさせることが重要です。

　歴史に見られる課題を把握するとはどういうことでしょうか。一つの課題に対して，様々な人物が多様な方法で解決しようとした，ということを把握することもこれに含まれると思います。

　一方，複数の解釈が可能な資料，後の時代から見て評価が分かれる人物なども，考察の対象になるでしょう。

　授業においては，「公正に選択・判断する力」を身に付けさせるために，資料を根拠に自分の考えを示すことができるようにさせたいものです。テストにおいてはそのときの思考過程に基づいて出題し，他者の選択・判断の根拠を資料から考えさせるように出題することが大切です。

▋ テストの具体例１

　Ｎさんは，江戸幕府の改革を行った人物と内容を次の表にまとめました。これを見て，Ｎさんのまとめの　あ　と　い　に当てはまることばを書きなさい。

表

徳川吉宗	田沼意次	松平定信	水野忠邦
年貢を強化 米の値段を調整	株仲間の公認 専売制の実施	倹約令 棄捐令	倹約令 株仲間の解散

> 資料
> 田沼の政治期の財政収支
> （※資料は，田沼の政治期において1770年代は，金と年貢（米）の収入を合わせると黒字だったことを読み取らせるものです。）

※権利の都合上，図は省略

まとめ

　四名に共通するのは，　あ　ことだと考えました。しかし，資料から，田沼意次だけは他の三名と違って，　い　に着目していました。

▌正答例

あ　財政を立て直す

い　商業から得られる利益（貨幣による税収）

▌出題意図

出題のねらい	江戸幕府が，財政難を背景とした政治改革を行ったにもかかわらず，行き詰まりを見せたことが理解できているかを問う。 「あ」では，四名の人物の改革から共通点を把握し，表現できるかどうかを見取る。 「い」では，田沼意次の政策が貨幣経済の広がりを背景としていることを理解できているかを問う。
評価の観点	思考・判断・表現
授業との関連	吉宗，田沼，松平，水野を比較し，自分が最もよい政治家だと思う人物を選択・判断させる。

▌授業の概要

　次は，本時の課題「吉宗，田沼，松平，水野を比較し，自分が最もよい政治家だと思う人物を選択・判断しよう」を追究する場面です。

下線部：テストの出題根拠

生徒A　私は，徳川吉宗だと思います。まずは，幕府の収入である米を安定させることができなければならなかったからだと思います。

生徒B　私は，田沼意次だと思います。吉宗は，年貢にこだわっていることから，米価が安定しませんでした。米価が安定しなければ，現金収

入も減ってしまうからです。<u>貨幣による収入に目をつけた田沼の政策</u>の方が効果的だったと思います。

生徒C 私は，松平定信だと思います。田沼の政策は，現代から見れば画期的な経済政策だったといえますが，当時はまだ現金を扱う商工業は人々の生活には合っていなかったのではないでしょうか。その結果，賄賂などが横行しています。こうした政治を改善した寛政の改革が最も効果的だったと考えます。

生徒D 私は，水野忠邦だと思います。貨幣経済によって，農村の格差が広がっている中，倹約令や株仲間の解散，出かせぎの禁止などは，失敗したかもしれませんが，現代から見れば決断力のある政治だと思います。

教　師 しっかり判断できましたが，４名の人物に共通するのは，何だったでしょうか？

生徒E <u>幕府の財政難に対する立て直し</u>です。それでも行き詰まりを見せたのは，「年貢による収入を続ける幕府と，貨幣経済が浸透する世の中」ということからだと考えました。

ア（イ）明治維新と近代国家の形成

明治維新によって
どのように近代国家の基礎が整えられたのだろうか？

▌ 事象相互の関連を多面的・多角的に考察する力を問う問題

（1）会話文による問題

　会話を問題文にすることには，次のような利点があると考えます。

　①　授業における思考の流れに沿った出題が可能になる。

　②　会話の流れに沿って出題することによって，解答が様々な方向に分かれてしまうことを防ぐ。

　③　会話の結末が授業における資質・能力を身に付けた状態であることを，生徒に示すことができる。

（2）並び替え問題

　大きく分けて次のような出題方法があると思います。年代を覚えていないと解答できないような問題にすることは避けたいところです。

　①　大きな時代の流れが理解できているかどうかを問う問題

　　選択肢の出来事を奈良時代，平安時代，鎌倉時代などで分け，人物名や社会の様子などから判断させる。

　②　因果関係を根拠に出来事の順序を問う問題

　　選択肢の中の出来事を，原因，結果，影響などで分け，その関係性から判断させる。

　③　テーマの中で変化の様子を問う問題

　　土地制度，農業，絵画などのテーマに基づいて選択肢をつくり，制度の変化，技術の進歩などをもとに判断させる。

▌ テストの具体例1

　次は，ペリーの来航について学習する授業における，教師とNさんの会話です。会話文を読み，あとの問いに答えなさい。

　教　師：次の地図を見ましょう。ペリーはどのようなルートで日本に来航したか読み取れますか？

> 地図　ペリーの航路

※権利の都合上，図は省略

　Nさん：アメリカから大西洋，インド洋，アジア諸国をまわって来航しているのですね。
　教　師：そうです。1853年，浦賀に来航したペリーは，開国を求める大統領国書をさし出しました。幕府は，方針を固め，翌54年，回答を求めて再び来航したペリーと条約を結びました。
　Nさん：そのとき結んだ条約が次の資料ですね。

資料 ｜　　　　　あ　　　　　｜（1854年3月3日調印）要約

> 第2条　伊豆（静岡県）の下田と松前（北海道）の函館の2港は，アメリカ船が薪・水・食料・石炭などの不足する品物を買う目的に限り，来航を許す。
> 第9条　日本が，アメリカ以外の外国に対して，現在アメリカに許していないことを許すときは，ただちにアメリカにも同じように許すこと。

　教　師：地図と資料から，ペリーが日本に開国を求めた目的を説明できますか。

Ｎさん：はい。⬚　　　　　い　　　　　⬚。

教　師：そうですね。

(1) 資料の⬚　　　　　あ　　　　　⬚に当てはまる条約名を書きなさい。

(2) 会話文中の⬚　　　　　い　　　　　⬚に当てはまるペリーが日本に開国を求めた目的を，「アジア」と「太平洋」という二つの語を用いて書きなさい。

▌ 正答例

(1)　日米和親条約

(2)　アジアとの貿易において，太平洋航路を開拓する必要があり，日本を寄港地にしようとしました

▌ 出題意図

出題のねらい	ペリーが日本に開国を求めた目的について，ペリーの航路，日米和親条約の内容から，考えることができているかを問う。
評価の観点	(1)　知識・技能 (2)　思考・判断・表現
授業との関連	・ペリーが開国を求めた理由については，地図と資料から次頁の図のような思考過程で考えさせる。 ・テストをつくる際，教師の質問に対して生徒が回答する流れが中心になる。教師が知識を問うような質問をし，生徒が回答する文の中に習得してほしい知識を空欄にすることが考えられる。 ・また，教師の台詞にグラフや表などの着目してほしい点を入れ，生徒の台詞の中に，その結果を入れることで，

指示が明確になる。そして，資料活用の技能の習得状況を見取ることができる。

・生徒の台詞を全て敬語にしておいて，生徒の台詞の一部を空欄にして書かせる場合，会話の流れから敬語にそろえるのが一般的であると思われる。社会科の問題とは直接の関係はないが，そういうところにも注意を払って解答できる力（非認知能力）も同時に測ることができると考えている。

地図から読み取れること
　ペリーは，アメリカから大西洋，インド洋，アジア諸国を回って来航している。

資料から読み取れること
　アメリカは，日本に寄港して薪・水・食料・石炭などを求めていた。

地図・資料から考えられること
　ペリーは，アジアとの交易をする際，大西洋から回っている。
→現在から考えると時間がかかるルートである。
　アメリカが，日本に寄港するのは，時間がかからない太平洋航路を利用するためではないだろうか。
→アジアとの貿易するのがねらいではないだろうか。

▌ 授業の概要

　本時の課題「ペリーの来航は，日本にどのような影響を与えたのだろうか？」を追究し，ペリー来航の目的を考察する場面です。

<u>下線部：テストの出題根拠</u>

教　師　ペリーは，開国を求める大統領の国書を幕府に渡したようですね。なぜ日本を開国させようと考えたのでしょうか？

生徒A 地図から，アメリカから大西洋，インド洋，アジア諸国を回って来航していることが読み取れます。なぜこういうルートだったのでしょうか。

生徒B まだ，アメリカは西海岸への開拓が進んだばかりで，東側中心の国だったからじゃないでしょうか。また，太平洋を渡るのはできなかったのだろうと思いました。

生徒C 資料にはアメリカは薪・水・食料・石炭などの不足する品物を買う目的に限り来航する，とあるから，このときは貿易がしたいわけではなかったのでしょうか。

生徒D つまり，今後は，太平洋を通ってアジアへ行くために，日本を中継基地のようにしたかったのでしょうね。

教　師 ペリー来航はオランダ国王からの手紙で幕府はすでに知っていたようですが，ペリーの威力によって国書を受け取ってしまったようですね。

▌ テストの具体例２

　Ｎさんは，「江戸幕府の滅亡から明治維新」というテーマで調査を行い，次のA～Gのカードにまとめました。これを見て，(1)と(2)の問いに答えなさい。

A　　┌─────────────────────┐
　　　│　徳川慶喜による大政奉還　　│
　　　└─────────────────────┘

B　　┌─────────────────────┐
　　　│　戊辰戦争が始まる　　│
　　　└─────────────────────┘

C　　┌─────────────────────┐
　　　│　廃藩置県を行う　　│
　　　└─────────────────────┘

D　　┌─────────────────────┐
　　　│　五箇条の御誓文をだす　　│
　　　└─────────────────────┘

E	岩倉具視らによる王政復古の大号令

F	版籍奉還を行う

G	戊辰戦争が終わる

(1) A～Gのカードを年代の古い順に並び替え，その順に記号で書きなさい。

(2) 次は，Nさんが，Cのカードについてまとめたものです。まとめの ☐X☐ に当てはまる語を書きなさい。また，☐Y☐ に当てはまる適切なことばを書きなさい。

まとめ

　　現在は，各都道府県の知事は，住民による ☐X☐ で決まるのに対し，廃藩置県では，東京・大阪・京都の３府には府知事が，県には県令（のちの県知事）が，☐Y☐ 。

　　それまで政治は各藩で行われていましたが，廃藩置県によって新政府による中央集権が確立しました。

▌正答例

(1)　A → E → B → D → F → G → C

(2)　X：選挙

　　　Y：新政府から派遣されていました

▌ 出題意図

出題のねらい	明治維新に関わる流れを理解しているかを問う。 (1) 幕府が滅亡し，新政府が改革をしていく中で，旧幕府勢力を廃止，中央集権国家をつくっていく過程が理解できているかどうかを見取る。 (2) 廃藩置県のねらい，現在の地方自治の原則を問うことで，当時の中央集権国家との違いが適切に表現できるかどうかを見取る。
評価の観点	(1) 知識・技能 (2) 思考・判断・表現
授業との関連	① 幕府による大政奉還が起きた後に，新政府により王政復古の大号令が出され，そのことによって戊辰戦争が始まったこと。 ② 戊辰戦争が開始したのち，明治政府が改革の方針を出したこと。 ③ 戊辰戦争の最中に，そのまま残っていた藩に対し，新政府が土地や人民を政府に返させ（版籍奉還），旧藩主がそれに応じていること。 ④ 戊辰戦争が終わった後に，廃藩置県を行い，中央集権化が達成されたこと。 　戊辰戦争の始まりと終わりがどこに入るかが分からない，という生徒が非常に多くなることが予想されるため，選択肢を少なくする，または，戊辰戦争に関しては，あらかじめ入る場所を示しておく配慮が必要である。 　授業で並び替える活動を行うことはあまりないと考えられるが，出題根拠になる学習活動を保障することが大切である。

▌授業の概要

　単元の課題「明治維新によってどのように近代国家の基礎が整えられたのだろうか？」を追究し，近代（前半）社会の基礎を考察する場面です。

下線部：テストの出題根拠

教　師　幕府は大政奉還をしたのに，どうして新政府は王政復古の大号令を出したのでしょうか？

生徒A　王政復古の大号令を見ると，幕府の廃止とあるので，大政奉還の時点では幕府の権力はまだ残っていたということでしょうね。

（中略）

教　師　版籍奉還というのは，どのような意義があったと思いますか？

生徒B　幕府と新政府が戊辰戦争をしている中，影響力を残していた藩に対して，土地と人民を政府に返させたことだと思います。

教　師　そうですね。それでもまだ，藩主の力が強かったから戊辰戦争が終わった後に，廃藩置県を行ったのですね。これはどのような特徴がありますか？

生徒C　東京・大阪・京都には府知事が，県には県令（のちの県知事）が新政府から派遣されました。

教　師　現在の知事制度とは何が違いますか？

生徒D　現在の知事は，地元の人々に選挙で選ばれるので，地元の人々の考えが反映されます。しかし，政府から送り込めば，政府の考えをもった人が地方も支配することになります。

ア（オ）第一次世界大戦前後の国際情勢と大衆の出現

第一次世界大戦はどのように起こり，どのような影響を世界に与えたのだろうか？

▌ 時代の変化を資料から読み取る授業づくりと評価

　歴史学習において，時代の変化を捉えることは最も重要な活動の一つです。しかしながら，本来は生徒が考えるべき歴史的事象が与えた影響を，教師が教え込みのように授業で扱ってしまうこともあるかもしれません。それでは，物語のように歴史を捉えることになってしまい，生徒にとっては学習する意味を見いだせないものになってしまいます。

　授業において大切なのは，史・資料によって歴史的事実を明らかにしたり，関連付けたりすることです。反対に，事実と言われていることを，史・資料から吟味していくことも大切です。

　そこで，本単元では，第一次世界大戦後に関する資料を読み取り，世界や日本にどのような影響を与えたのか，という授業を評価する問題を作成しました。また，大正デモクラシーの時期の政党政治の発達，という影響の部分から，資料を読み取ってそれが何を意味するのかを考える授業を評価する問題を作成しました。

■ テストの具体例1

　Nさんは，第一次世界大戦の影響を調べるために，資料1と資料2を見つけ，次のようにまとめました。これを見て，(1)と(2)の問いに答えなさい。

まとめ

資料1　　[　　X　　]　による取り決め（1922年）

> 第4条　各締結国の主力艦の合計数は，アメリカ52万5,000 t，イギリス52万
> 　　　　5,000 t，フランス17万5,000 t，イタリア17万5,000 t，日本31万5,000
> 　　　　t をこえてはならない。
> 第5条　3万5,000 t をこえる主力艦は，どの締結国も，取得したり，建造したり，
> 　　　　建造させたり，法律によって建造を許可したりしてはならない。

資料2　日本の軍事費の推移（単位：百万円）

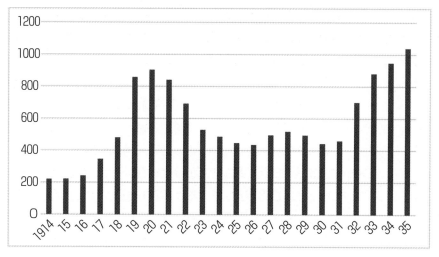

矢野恒太記念会『数字で見る日本の100年』改訂第7版　p.528を基に筆者作成

資料1と資料2から，[　　　　　い　　　　　]ということが読み取れるため，1920年代は，国際協調の時代になったと結論付けました。

(1)　[　　X　　]に当てはまる語を書きなさい。
(2)　まとめの[　　　　　い　　　　　]に当てはまることばを書きなさい。

▎ 正答例

(1)　ワシントン会議
(2)　海軍の軍備が制限され，1920年代は日本の軍事費が減っている

▎ 出題意図

出題のねらい	第一次世界大戦の影響として，国際連盟の設立や軍縮条約の締結があったことが理解できているかを問う。
評価の観点	(1)　知識・技能 (2)　思考・判断・表現
授業との関連	・(1)は，ワシントン会議という名称が理解できているかを問う。 ・(2)は，次頁の図のような思考過程によって導かれる結論に基づいて，資料を説明することができるかを見取る。図に基づいて問題をつくることも考えられる。資料1が原因，資料2が結果となっており，その因果関係も含めて読み取ることができるように指導することが大切である。

資料１から読み取れること
アメリカ，イギリス，フランス，イタリア，日本の間で主力艦の合計数の制限がかけられたこと，大きな主力艦は，つくれなくなったこと。

資料２から読み取れること
ワシントン会議ののち，日本の国家財政における軍事費の割合が下がった。

資料１・２から分かること
ワシントン会議が行われ，軍縮条約が結ばれた。このことから1920年代は国際協調の時代であったと結論付けられる。

▌授業の概要

　本時の課題「第一次世界大戦によって，国際関係はどのように変化したのだろうか？」を追究し，時代の特色を考察する場面です。

下線部：テストの出題根拠

教　師　資料１と資料２からどのようなことが読み取れるか考えましょう。

生徒A　資料１からは，アメリカ，イギリス，フランス，イタリア，日本の間で主力艦の合計数の制限がかけられたこと，大きな主力艦はつくれなくなったことが読み取れます。

生徒B　日本は，イギリスやアメリカに比べると少なくなるようにさせられたみたいですね。

生徒C　資料２から，日本の軍事費は第一次世界大戦の期間は増えて，1921年からは下がり始めています。1922年に<u>ワシントン会議</u>があってからは，低いまま維持されています。

生徒D　つまり，<u>1920年代は戦争が起きず，平和な時代だった</u>ということですね。でも軍事費が急激に上がる1931年あたりは何があったのでしょうか。

教　師　1931年は満州事変，1932年は五・一五事件です。ここから軍事費が増えているということですね。

▍テストの具体例2

N さんは，原敬内閣の歴史的意義について調べ，次のようにまとめました。これを見て，(1)と(2)の問いに答えなさい。

まとめ

資料1　原敬内閣の閣僚

職　　名	氏　　名	出　　身
総　理	原敬	A
外　務	内田康哉	外交官
内　務	床次竹二郎	A
大　蔵	高橋是清	A
陸　軍	田中義一	陸軍中将
海　軍	加藤友三郎	海軍大将
司　法	原敬（兼任）	A
文　部	中橋徳五郎	A
農商務	山本達雄	A
逓　信	野田卯太郎	A
鉄　道	元田肇	A

資料２　大日本帝国憲法のしくみ

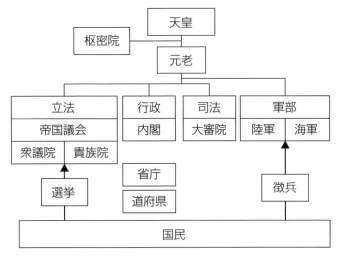

『よくわかる社会の学習』（2022）明治図書を基に筆者作成

・資料１から，この内閣は外務・陸軍・海軍大臣以外を衆議院の第一党である　　A　　の党員が占める内閣であると読み取れます。

・資料２から，衆議院議員は選挙で選ばれるということが読み取れます。

・資料１と資料２を合わせると，総理自身が　　　　B　　　　であることが読み取れます。このため，この内閣は，初めての本格的な政党内閣という歴史的意義があると考えました。

(1) まとめの　　A　　に当てはまる語を書きなさい。

(2) まとめの　　　　B　　　　に当てはまることばを書きなさい。

▌正答例

(1)　立憲政友会

(2)　国民に選ばれた衆議院議員

出題意図

出題のねらい	本格的な政党内閣による政党政治が展開したことから，わが国の国民の政治的自覚の高まりについての理解を問う。
評価の観点	(1)　知識・技能 (2)　思考・判断・表現
授業との関連	(1)，(2)ともに，授業においては一つ一つの資料を読み取ることで，習得する知識である。原敬内閣が「初めての本格的な政党内閣である」という結論を示して，そのような認識に至るまでの思考過程から，知識及び技能の習得状況を見取る。 ・(1) 原敬の内閣が，立憲政友会という政党に所属している衆議院議員によって構成されていることを理解できているかどうかを問う。問う内容は，原敬という人物名でも構わない。 ・(2) 原敬自身が衆議院議員であり，衆議院議員は選挙で国民から選ばれた存在であることから「本格的な政党内閣」と呼ばれるという思考過程を示すことで思考力，判断力，表現力等が身に付いているかを見取ることをねらいとした。 ・授業では，原以前の首相経験者が武士や公家の出身者であったのに対し，原は平民出身であったこと，また現在の議院内閣制のように首相が国会で指名されるのではなく，元老の影響力を受けて天皇が首相を指名していることなどにも触れることで，この内閣の歴史的意義の考察がより深いものとなるであろう。

▌授業の概要

　本時の課題「第一次護憲運動とはどのようなものだったのだろうか？」を
追究している場面です。　　　　　　　　　　　<u>下線部：テストの出題根拠</u>

教　師　なぜ尾崎行雄や犬養毅は第一次護憲運動を起こしたのでしょうか。
　　　　話し合ってみましょう。

生徒A　護憲ということは，憲法を守るということでしょうね。つまり，桂
　　　　太郎内閣は，憲法に反する何かがあったということなのですね。

生徒B　資料３が桂太郎内閣の閣僚で
　　　　すね。これを見ると，軍や官
　　　　僚の出身者ばかりですね。

生徒C　憲法の仕組みを見てみると，
　　　　国民が政治とつながるところ
　　　　はほとんどないようです。し
　　　　かし，選挙を通して衆議院議
　　　　員を選ぶということではつな
　　　　がっていますね。

生徒D　つまり，桂太郎内閣は憲法の
　　　　精神に反したと考えたから，
　　　　護憲運動を起こした人々は倒
　　　　そうと考えたということでし
　　　　ょうね。

資料3　桂太郎内閣

職　名	氏　名	出　身
総　理	桂太郎	陸軍大将　公爵
外　務	桂太郎	陸軍大将　公爵
内　務	大浦兼武	貴族院　陸軍中将
大　蔵	若槻礼次郎	大蔵省（官僚）
陸　軍	木越安綱	陸軍中将　男爵
海　軍	斎藤実	海軍大将
司　法	松室致	司法省（官僚）
文　部	柴田家門	貴族院
農商務	仲小路廉	貴族院
逓　信	後藤新平	内務省（官僚）

教　師　原敬の内閣はどのようなことがいえるでしょうか？

生徒A　この内閣は外務・陸軍・海軍大臣以外を衆議院の第一党である<u>立憲
　　　　政友会の党員が占める内閣</u>ですね。

生徒B　<u>総理自身が国民から選ばれた衆議院議員であること</u>が読み取れます。

教　師　だから，この内閣は，初めての本格的な政党内閣という歴史的意義
　　　　があるのです。

ア (ア) 日本の民主化と冷戦下の国際社会

敗戦後の諸改革により，日本の社会はどのように変化したのだろうか？

ア (イ) 日本の経済の発展とグローバル化する世界

なぜ冷戦において日本は経済成長をすることができたのだろうか？

▌ 現在とのつながりに着目して問う問題

　歴史の学習において，「現在とのつながり」に着目させることは，現代的な視点から歴史を見ることにもつながり，授業においては深い学びにつながります。しかし，テストにおいては，取り上げた事象が現在とのつながりをもつ事象であると誰もがいえるようなものを扱わないと，出題者の歴史観の入ったものになってしまうため，出題が難しいともいえます。

　そのため，この問題では「現代の日本と世界」での例を示すことにしましたが，授業においては，古代や中世の歴史的事象と現在とのつながりを考える授業があってもよいと思います。

　また，本単元は，学習指導要領において，「イ(ウ)これまでの学習を踏まえ，歴史と私たちとのつながり，現在と未来の日本や世界の在り方について，課題意識をもって多面的・多角的に考察，構想し，表現する」とあるように，構想という言葉が入った唯一の単元となります。

　授業での取り扱いも苦慮するところですが，それをテストという方法で評価する一つの提案と捉えていただければ幸いです。

▌テストの具体例1

Nさんは，日本の選挙制度について調べ，資料1と資料2を見つけ，次のようにまとめました。まとめの ┃ X ┃ に当てはまることばを書きなさい。

まとめ

資料1　日本の選挙権の拡大と有権者の推移

法改正年	区分	選挙権の制限			有権者数	
		年齢	性別	直接国税納税額		人口比
1889	制限選挙	25歳以上	男子	15円以上	45万人	1.1
1900				10円以上	98万人	2.2
1919				3円以上	307万人	5.5
1925	男子普通選挙				1241万人	20.0
1945	男女平等の普通選挙	20歳以上	男女		3688万人	48.7
2016		18歳以上			1億620万人	83.3

資料2　日本の国政選挙

選挙名と開催年月日		X
第21回衆議院議員総選挙	1942（昭和17）年4月30日	0名
第22回衆議院議員総選挙	1946（昭和21）年4月10日	39名
第1回参議院議員通常選挙	1947（昭和22）年4月20日	10名
第30回衆議院議員総選挙	1963（昭和38）年11月21日	7名
第10回参議院議員通常選挙	1974（昭和49）年7月7日	8名
第40回衆議院議員総選挙	1993（平成5）年7月18日	14名
第24回参議院議員通常選挙	2016（平成28）年7月10日	28名
第49回衆議院議員総選挙	2021（令和3）年10月31日	45名
第26回参議院議員通常選挙	2022（令和4）年7月10日	34名

※選択問題とする場合

　まとめの ┃ あ ┃ と ┃ い ┃ に当てはまることばの組み合わせとして正しいものを，次のア～エの中から一つ選び，その記号を書きなさい。

> 　資料2中の　X　は，資料1から考えると，有権者の区分の改正により，
> 　あ　になったことから，当選した　い　の数だと考えられます。

ア　あ　直接国税による制限がなくなった　い　直接国税3円未満の議員

イ　あ　直接国税による制限がなくなった　い　女性の議員

ウ　あ　20歳以上の男女になった　　　　　い　女性の議員

エ　あ　20歳以上の男女になった　　　　　い　20〜24歳以上の議員

▌ 正答例

　（当選した）女性の国会議員

※選択問題とする場合　ウ

▌ 出題意図

出題のねらい	・日本の選挙権の拡大と有権者の推移と日本の国政選挙の資料の情報から，当選した女性の議員に関する資料であることが判断できるかどうかを問う。 ・1942年に0名だったが1946年には39名になったところから，選挙法改正の何が影響していたのか判断させる。 ・選択問題の場合は誤答の際の生徒の状態を推測しやすくするため，あ・いの選択肢を作成した。 ア　有権者の区分の改正条件が読み取れておらず，何を示した資料であるかの判断もできていない。 イ　有権者の区分の改正条件は読み取れていないが，女性議員の資料であることを判断できている。 エ　有権者の改正条件は読み取れているが，何を示した資料であるかは判断できていない。

評価の観点	思考・判断・表現
授業との関連	・授業では，資料2を提示して考察させるのは，クイズのようになることが考えられる。「女性初の国会議員」の写真から何年のものなのかを推測させたり，どのような選挙法の改正が関わっていたのかを判断させたりする学習が考えられる。 ・一方，現在においても女性議員の当選人数は，多くはないということに気付かせ，現代社会の諸課題として捉えさせたい。

▌授業の概要

　本時の課題「GHQによる占領下の日本では，どのような改革が行われたのだろうか？」を追究し，発表している場面です。

下線部：テストの出題根拠

教　師　資料1（必要な部分のみ提示）の有権者に着目したとき，1925年と1945の法改正では，有権者の条件はどのように変わりましたか？

生徒A　1925年は，直接国税による制限がなくなりました。

生徒B　<u>1945年は，選挙権が20歳以上の男女になり</u>ました。

教　師　それでは，資料2から気付いたことは何でしょうか？

生徒C　1945年の選挙法改正以降，女性の議員は，確かに増えましたが，各選挙でみると，当選人数は多いとはいえませんね。

教　師　二つの資料から気付いたことや疑問に思ったことはありませんか？

生徒D　こうしてみると，有権者は毎回2倍から4倍になるように改正されていたのですね。

生徒E　日本の有権者数は，人口比で8割に近い（1945年は19歳未満の男女の方が割合が高かった）のに，現在は投票率が低いのですね。

▌テストの具体例2

　Nさんは，高度経済成長期に関する資料3と資料4と絵を見つけました。これらの関連を調べ，次のようにまとめました。これを見て，あとの(1)と(2)の問いに答えなさい。

まとめ

　資料3中のXの期間には，エネルギー資源の中心が石炭から石油に変化する　　　う　　　と呼ばれる転換が起きました。

　資料4から，1973年10月6日に，第四次中東戦争が起きたことによって，石油産出国が，　　　　え　　　　。

　資料3を見ると，1973〜74年にかけて，初めて　　　　お　　　　。こうして高度経済は終わりました。

　絵は，「　　　か　　　」という不安から，デマによって人々が生活必需品や関係のない商品まで買い占めている場面の絵です。

資料3　日本の実質経済成長率

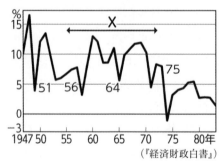

（『経済財政白書』）

出典：『よくわかる社会の学習』
（2022）明治図書

資料4　アラビアン原油価格の推移

年月日	ドル／バレル
1957年6月7日	2.08
1973年1月1日	2.59
1973年10月1日	3.01
1973年10月16日	5.12
1974年1月1日	11.65

石油連盟『戦後石油産業史』（1985）p.400
を基に筆者作成

絵　トイレットペーパー売り場に殺到する人々（1973年）

出典：『よくわかる社会の学習』（2022）明治図書

(1) まとめの空欄　う　に当てはまる語を書きなさい。

(2) まとめの空欄　え　と　お　に当てはまることば
を書きなさい。

(3) まとめの空欄　か　に当てはまることばを書きなさい。

▌ 正答例

(1)　エネルギー革命

(2)　え　石油価格を値上げしました

　　　お　実質経済成長率がマイナスになりました

(3)　石油の値上がりによって，品不足になる（のではないか）

▌ 出題意図

出題のねらい	高度経済成長に関する資料から，第四次中東戦争と，石油価格の高騰，人々の生活に与えた影響を結び付け，表現することができているかを問う。 （1）　エネルギー資源についての基礎的な知識を見取る。

	(2)　第四次中東戦争の起きた年（絵の年）の翌年，経済成長率が下がったこと，このことが高度経済成長の終わりであることを判断できているかを見取る。 (3)　絵の状況から，人々が石油供給には関係がないトイレットペーパーを買い占めようとする動きの背景を，表現することができているかを見取る。
評価の観点	(1)　　　　知識・技能 (2)，(3)　思考・判断・表現
授業との関連	・写真を見せ，石油危機（オイルショック）を捉えたものであることを捉えさせる。 ・(1)は，石油危機とはどのようなものかを理解させる背景として，日本のエネルギー革命を扱う。石油が日本にとって重要なエネルギー資源となったことを理解させたい。 ・(2)は，1973年の第四次中東戦争と翌年の，資料3と資料4が示す状況を読み取らせ，表現させたい。 ・(3)は，絵（写真）の状況が石油製品の高騰により，品不足になる，ということから広がったデマが背景にあることを授業の中で捉えさせ，表現させたい。

▌授業の概要

　本時の課題「高度経済成長期に人々の生活はどのように変わったのだろうか？」を追究し，発表している場面です。

下線部：テストの出題根拠

教　師　この写真が，「なぜ高度経済の終わりを象徴しているのか？」について調べて，話し合ってください。

生徒A　まず，この写真が撮られた1973年という年は，第四次中東戦争が起

きた年です。第四次中東戦争は中東で起きた戦争ですが，これによって石油価格が高騰したことが背景にあるようです。

生徒B　石油価格が高騰すると石油製品が不足すると考えて，生活必需品まで買い占めようとした人々を撮った写真のようですね。

生徒C　当時の日本は，エネルギー資源の中心を石炭から石油に変えるエネルギー革命が起きたばかりでした。そのため，石油価格が高騰した1974年度の日本の経済成長率は，初めてマイナス成長を記録し，これによって高度経済が終わったとされました。

生徒D　ところで，石油不足からトイレットペーパーがなくなるというのは正確な情報ではありませんでした。政府が紙節約を呼びかけたり，トイレットペーパーがすぐになくなったスーパーを新聞社が取り上げたりしたことが人々の不安をあおったようです。

教　師　こうして，発表を聞くと「写真が高度経済成長の終わり」を象徴している，という言い方も注意する必要があると改めて思いました。現在ならこういうことは，起きないでしょうか？

生徒A　2011年3月に発生した東日本大震災でも首都圏を中心に，トイレットペーパーをはじめとする生活物資の買い溜めを行う動きが起きたと聞いたことがあります。

生徒B　2020年に，新型コロナウイルス感染症の世界的流行が発生したときに，「トイレットペーパーは中国で製造・輸入しているため，今後不足する」という情報が流れました。

生徒C　確かに，あれでティッシュペーパーやキッチンペーパーまで買えなくなりましたね。あのときは，政府からトイレットペーパーは国内で生産しているから在庫はあるとか，買い占めは控えるように連日ニュースで報道していました。

生徒D　SNSで拡散したとは聞きましたが，情報によって不安になってしまうのは，オイルショックのころと比べてもあまり変わらないようにも思えますね。

▌ テストの具体例3

　Nさんは，現代社会の諸課題の解決策を構想するため，歴史上の出来事の中に解決策を探すことにしました。Nさんが集めた三つの資料から，Nさんがどのようなテーマを見つけ，探究したと考えられますか。最も適切なものを，次のア〜エの中から一つ選びなさい。

資料5　大仏制作の背景

・聖武天皇が位に付いていた8世紀前半，天平9（737）年には，当時の政治の中枢にいた人物たちが，当時猛威をふるっていた天然痘で相次いで死去しました。

・大仏の制作が開始されたのは西暦745年ですが，聖武天皇による東大寺大仏の造立には，こうした社会不安を取り除き，国を安定させたいという願いが背景にあったものと推測されています。

資料6　北里柴三郎の功績

北里 柴三郎（1853〜1931年）

・「近代日本医学の父」として知られる微生物学者・教育者。

・1889（明治22）年に破傷風菌の純粋培養に成功，翌1890年血清療法を開発しました。

・1894（明治27）年にペスト菌を発見しました。

資料7

・スペイン風邪は，1918年から1920年にかけ全世界的に大流行したインフルエンザの通称。

・全世界で5億人が感染したとされ，世界人口（18〜19億）のおよそ27%とされています。

ア　人々は，どのように感染症と関わってきたのだろうか。

イ　人々は，どのように開発と環境を両立させてきたのだろうか。

ウ　人々は，どのように戦争を鎮めてきたのだろうか。

エ　人々は，どのように民主化を進めてきたのだろうか。

正答例

ア

出題意図

出題のねらい	資料から，Nさんが歴史と現在のつながりについてどのような課題意識をもっているのかについて，判断することができているかを問う。
評価の観点	思考・判断・表現
授業との関連	・「現代社会の諸課題の解決策を歴史の中から探そう」という学習に取り組ませる。 ・現代社会に生じている諸課題のうち，歴史的経験を踏まえて解決したい課題を選択させる。 ・過去の類似の事例が起こった時期を調べ，現在とは何が異なっているかを考えさせる。 ・歴史的経験から，どのような課題解決を構想したか，また時間軸を踏まえた解決に加え，どのような視点を学ぶ必要があるかについてレポートにまとめさせる。 ・本単元は，レポート作成が評価の中心となるが，レポートを作成するにあたって働かせた「見方・考え方」を見取り，課題を解決に導く思考を辿る問題として提案するものである。

私たちはどのように
市場経済に関わればよいのだろうか？

▌希少性，分業と交換に着目して考えさせる問題

　本単元では，「見方・考え方」として，希少性，分業と交換が挙げられています。公民的分野が地理的分野や歴史的分野と異なるのは，問うことで，希少性や分業と交換という「見方・考え方」が働くわけではないということです。公民的分野における「見方・考え方」は，希少性や分業と交換という考え方に結び付くような課題を提示すること，生徒がそれを表出したときに，教師がそれを価値付けることに意味があると考えています。

　次に示すのは，極端な展開例ではありますが，生徒の発言や記録の中に「見方・考え方」を見いだし，価値付けるように授業を行い，評価することが大切だと考えます。

教　師　もし，消費者が自分たちで価格を決められたらどういう社会になると思いますか？

生　徒　何でも安くして買ってしまうと思います。でも，そうしたらみんながものを買って，ものがなくなってしまいます。

教　師　ものには限りがある，という希少性という見方をしていますね。

生　徒　また，何でも安く買ってしまうと，つくっている人の収入になりません。一つの商品をつくるのにもたくさんの会社があるので，その一つが倒産してしまったら，商品がつくれなくなります。

教　師　企業は分業をして製品をつくり，交換することによって社会が成り立っているという見方をしていますね。

▌ テストの具体例1

　次は，Nさんが，市場経済に関するニュースをまとめたものです。これ
を見て，(1)〜(3)の問いに答えなさい。

レポート

　日本のある家電メーカーが，家電の販売価格を，販売小売店ではなくメー
カーが指定できる制度を導入しました。本来，メーカーが小売価格を指定す
るのは，消費者が　　あ　　ことになるため，独占禁止法に違反する可能
性がありますが，商品の売れ残りのリスクをメーカーが負うため，違法とは
なりません。次の図は，流通経路を示したものです。家電の販売小売店は，
　　い　　のルートのように，　　う　　ことによって，消費者にとって
価格が安くなるようにしていました。

図　流通経路

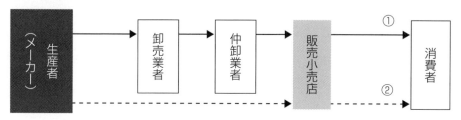

　市場価格が変わらないことを考慮すると，消費者は，値引き交渉はできな
くなりますが，どこでも同じ価格で買えるというメリットがあります。販売
店は，売れ残りのリスクがないため，販売に専念できます。しかし，メーカ
ーは，　　え　　ときなどは，無駄が出るというリスクを背負っていると
いえます。

(1) レポートの　　あ　　に当てはまることばを書きなさい。

(2) レポートの い と う に当てはまる語の組み合わせとして正しいものを，次のア〜エの中から一つ選びなさい。

ア　い　①　　　う　人手を経る回数を増やす

イ　い　①　　　う　生産者から直接仕入れる

ウ　い　②　　　う　人手を経る回数を増やす

エ　い　②　　　う　生産者から直接仕入れる

(3) レポートの え に当てはまることばを，「生産」と「消費」という二つの語を用いて書きなさい。

▌ 正答例

(1)　不当に高い価格で購入する

(2)　エ

(3)　生産量に対して，消費量が少ない

▌ 出題意図

出題のねらい	市場経済の基本的な考え方を，資料を通して理解できているかを問う。 (1)　独占禁止法の制定の目的を，レポートの内容から説明することができるかを見取る。 (2)　流通の合理化の考え方について，図から理解できているかを見取る。 (3)　市場経済における価格の働きについてレポートの内容から判断し，表現することができているかを見取る。
評価の観点	(1)，(2)　知識・技能 (3)　　　思考・判断・表現

授業との関連	・大手家電メーカーの指定価格販売を事例に，メーカー，販売店，消費者にそれぞれどのような影響があるかを考えることを通して，市場経済における価格の働きを考えさせる。 ・市場価格をメーカーが決め，その価格に変動がないのは価格競争を原則とする市場経済の基本的な考え方とは大きく異なっているといえる。 ・しかし，特に家電においては，背景に販売店による低価格競争の激化がある。消費者にとっては喜ばしいことであるが，メーカー側が必要な利益を得られないことにつながっていた。販売店と消費者による「値引き交渉」によって下げられた価格に合わせて生産を行えば，メーカーにとって利潤はない。 ・一方，指定価格販売は，直営店の個人商店と変わらないという批判がある。彼らが衰退したのは，流通の工夫によって販売価格を下げてきた量販店であったからである。これを事例に様々な立場で考えさせる。

▌授業の概要

　本時の課題「価格はどのように決まるのだろうか？」を追究し，グループで話し合い，発表する場面です。

下線部：テストの出題根拠

教　師　ある家電メーカーが，家電の販売価格を販売小売店ではなくメーカーが指定できる制度を導入しました。これにより，メーカー，販売店，消費者はどういう変化があるか話し合いましょう。

A　班　消費者について話し合いました。消費者がメーカーの指定した金額でしか買えないのは，<u>不当に高い価格を払うことになるため，独占</u>

禁止法になると思いましたが，このメーカーは在庫を販売店から引き取ることで違法にならないようにしているようです。消費者は，これまで家電量販店では，店員さんと交渉したり，他にもっと安い店があったということを示したりして，価格を下げることをしてきましたが，それができなくなります。しかし，どの店に行っても同じ価格で買える，というのは効率的だし公正だと話し合いました。

B　班　販売店について話し合いました。販売店は，少しでも安い価格で売るために流通を合理化して仲介業者を少なくし，直接仕入れる方式を採用しています。しかし，メーカーによって販売価格が決まってしまった場合，このような流通の合理化は意味をなさなくなります。また，他店よりも安く売るために，他の商品の入荷量とのバランスをとったり，新商品が入る季節に古くなった商品を大売出しするなどしてきましたが，こうしたことも必要なくなります。これによって在庫の心配をすることもなく，価格を下げる企業努力よりも販売することに注力できるということがあると話し合いました。

C　班　メーカーについて話し合いました。かつてメーカーが価格を決める時代もありましたが，それよりも安く販売した量販店には卸さないということがあり，問題となったようです。その後，メーカー希望小売価格やオープン価格などが導入されましたが，どんどん販売店と消費者によって低価格での販売になっていきました。価格を指定すると，値下げをしてもよいメーカーの商品ばかりが売れるリスクがあります。しかし，それでも価格を指定しようとするのは，価格によって適正な生産と消費のバランスをとることで企業として必要な利潤を得るという考えがあるからだろうと話し合いました。

教　師　確かに家電はどんどん新商品をつくっていますが，つくればどんどん前の製品は安くなりますね。そうすると，新商品は何か新しい機能をつけて生産コストが上がっている，ということもあるのでしょうね。価格は誰が決めるのか，についてはもう少し考えましょう。

▌テストの具体例2

　次は，Nさんが，金融に関するニュースをまとめたものです。これを見て，(1)～(3)の問いに答えなさい。

まとめ

　日本銀行は，2016年1月，<u>民間の金融機関が日本銀行に預けている預金</u>の金利をマイナスにすることを発表しました。この「マイナス金利」は，金融機関が日本銀行に資金を預けたままにしておくと，金利を支払わなければならなくすることです。下の図のように，銀行は，利子 ［　A　］ から ［　B　］ を差し引いた金額を高くすることで，利益を得ます。日本銀行は，マイナス金利政策によって，［　　　お　　　］ ことを期待しています。

図　銀行と日本銀行の仕組み

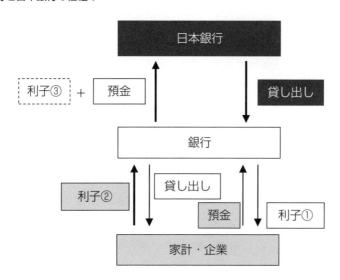

(1) 下線部は，日本銀行の役割のうち，何と呼んでいるか書きなさい。

(2) まとめの　　A　　と　　B　　に当てはまる①~③の番号を，それぞれ書きなさい。

(3) まとめの　　　お　　　　に当てはまることばを書きなさい。

▌ 正答例

(1)　銀行の銀行

(2)　A　②

　　　B　①

(3)　金融機関が企業への貸し出し（や投資）に資金を回すようになる

▌ 出題意図

出題のねらい	金融の仕組みや働きについて問う。
	(1)　日本銀行の三つの役割が理解できているかを見取る。
	(2)　銀行が利子によって利益を得る仕組みを理解できているかを見取る。
	(3)　銀行が資金を企業の生産活動や人々の生活の資金などとして循環する仕組みについて表現することができているかを見取る。
評価の観点	(1)，(2)　知識・技能
	(3)　　思考・判断・表現
授業との関連	・日本銀行の「マイナス金利政策」を事例として，金融の仕組みについて学習する。銀行は「分業と交換」を支え，家計の貯蓄が，個人や企業の資金として循環するために仲介することを理解させる。
	・銀行が日本銀行に預けたお金を引き出すと，金利がマイナスされ，減って戻されることになる。

| | ・このような金融の本来の仕組みの理解の上にマイナス金利を学習することによって，深い学びにさせる。 |

授業の概要

　本時の課題「なぜ私たちの生活において金融は必要なのだろうか？」を追究している場面です。

下線部：テストの出題根拠

教　師　マイナス金利政策が発表されましたが，どのようなことが起きるのでしょう？

生徒A　この政策は，私たち個人の預金がマイナスになるということではないのですよね。もしそうだったら，お金を預けなくなります。

生徒B　お金を預けなくなったら現金で管理するわけだから，とても危険です。それに，お金が必要な個人や企業にお金が回らなくなります。

教　師　<u>銀行が日本銀行に預金をすることを「銀行の銀行」といいました。</u>銀行が日本銀行に預けても少し減って戻ってくるというわけです。

生徒C　<u>銀行は，預金者に払う利子よりも貸し出した個人や企業からとる利子を多くすることによって利益を得るのでしたよね。</u>そうだとしたら，日本銀行は預かる側なのに利子を取るということですか。

教　師　日本銀行の目的は，利子を取ることにあるのではないようです。生徒Aさんの発言にヒントがありましたよ。

生徒A　<u>銀行が日本銀行にお金を預けないようにすれば，個人や企業に貸し出すお金が増えるかもしれない</u>ということですね。

教　師　それでも，日本銀行に利子を払っている銀行もあります。

生徒D　結局，個人や企業に貸し出しても新型コロナウイルスの影響で返済が見込めず，その損失よりも利子の方が安いということなのでしょうか。

教　師　残念ながらそうなのです。資金がうまく循環するとよいですね。

国や地方公共団体が果たす役割について考えよう

▌複数資料を用いた記述問題

　複数の資料を読み取って説明をする問題は，社会科に限らず課題が多いことが明らかになっています。授業において複数の資料を扱うことは大切ですが，単に資料Aと資料Bを渡しただけでは，生徒によってはとまどい，それぞれから読み取ったことがつながらない場合もあります。

　そこで，複数の資料を扱う際に，次のような工夫をします。

① 　結論に合わせてどのような読み取りをしたか，思考過程を辿る学習

　板書やワークシートなどに先に結論を提示し，それぞれの資料をどのように読んだらその結論に至るのか，という視点で読み取らせる学習活動です。

図　思考過程を辿る学習

② 　立場を変えて，どのような読み取りをしたか，思考過程を辿る学習

　同じ資料でも，立場を変えると資料の読み取り方は異なってきます。そこで，①とは異なった立場の結論を提示し，読み取り方を考える学習です。

　二次的な資料には，制作者の意図が入り込みます。データや統計などの一次資料から教材研究を深め，授業で複数のものを用いていくことによって，

組み合わせる力，様々な読み取り方ができる力を付けさせたいものです。

▌ テストの具体例1

　Ｎさんは，税金について調べ，次のようにまとめました。これを見て，
(1)と(2)の問いに答えなさい。

まとめ

　税金には，直接税と間接税があります。日本は，1949年に所得税や法人税
などの直接税を中心とする税体系に改められました。税は，公平性が保たれ
る必要があります。しかし，_a1980年代には，給与所得者を中心に不公平感
が広がったことが分かりました。そこで，1989年に，間接税である消費税が
導入されました。消費税は，　　　あ　　　という面では平等ですが，　い　
という面では不平等です。資料３から，間接税の割合が増えると，　　う　　
という政府の役割が果たせなくなるという課題があることが分かります。

資料1　直接税と間接税の比率

比率（％）			
年	直接税	間接税等	計
1934〜36 平均	34.8	65.2	100.0
1949	54.1	45.9	100.0
1960	54.3	45.7	100.0
1970	66.1	33.9	100.0
1980	71.1	28.9	100.0
1989	74.2	25.8	100.0
2000	61.3	38.7	100.0
2010	56.3	43.7	100.0
2019	57.6	42.4	100.0

矢野恒太記念会『数字で見る　日本の100年』
改訂第7版，p.404を基に筆者作成

資料2　所得税の累進課税

課税対象の金額	税率
195万円以下	5％
195〜330万円以下	10％
330〜695万円以下	20％
695〜900万円以下	23％
900〜1800万円以下	33％
1800〜4000万円以下	40％
4000万円超	45％

(2019年1月現在)　　　　(財務省資料)

資料3　国の一般会計予算

国の歳入 総額102.7兆円　あ消費税21.2%　い所得税19.0　⑤法人税11.8　6.6　⑤相続税2.3 その他　公債金31.7　6.4
その他の租税　印紙収入1.0

国の歳出 総額102.7兆円　社会保障関係費34.9%　地方交付税交付金など15.4　国債費22.7　6.7　公共事業関係費　その他9.7
文教および科学振興費5.4　防衛関係費5.2

(2020年度)　　(財務省資料)

資料2と3の出典：『よくわかる社会の学習』(2022) 明治図書

(1) 下線部 *a* のようにいえる理由を，資料 1 と資料 2 から説明しなさい。

(2) まとめの ［　　あ　　］ と ［　　い　　］ に当てはまることばを書きなさい。

(3) まとめの ［　　う　　］ に当てはまることばを書きなさい。

▌ 正答例

(1) 　1980年代は，直接税の割合が多く（資料1），所得税などの直接税は，所得が高いほど税率が高くなる（資料2）から。

(2) 　あ　収入に関係なく全ての国民が同じ税率

　　　い　所得が低い人ほど，所得に占める税金の割合が高くなる

(3) 　社会保障によって，経済格差をなくす

▌ 出題意図

出題のねらい	財政及び租税の役割について，財源の確保と所得の再配分という観点から問う。 (1)　直間比率に関する資料から，直接税の割合が増えることによる課題を読み取り，表現することができているかを見取る。 (2)　間接税の仕組みを理解し，説明することができているかを見取る。 (3)　日本の会計予算の資料から，所得の再分配という政府の役割を読み取り，表現することができているかを見取る。
評価の観点	(1)　思考・判断・表現 (2)　知識・技能 (3)　思考・判断・表現

授業との関連	・中学生にとって，税金の役割を知識として理解できていても，公平性については，実感を伴った理解にするのは難しい。そこで，直間比率の推移に関する資料から，直接税の割合が多い場合と間接税の割合が多い場合では，どのような違いがあるのかを歴史的に考えさせる。 ・資料1が1949年から始まるのは，この年にアメリカ合衆国の税制使節団によるシャウプ勧告を受け，直接税中心の税体系に改められたことに由来することを説明する。直接税は，累進課税の方法がとられるため，直接税の割合が高い方が所得の再分配という観点から公平性が高いことを理解させたい。 ・しかし，1980年代に直接税の割合が70％を超えると，所得税を納める人たちから不公平感が広まることを捉えさせる。そこで，間接税である消費税が導入されていることを理解させたい。 ・間接税は誰でも納めるため国としては収入が安定するが，逆進性があるため，国民の不公平感の多い税であることも理解させたい。

▌授業の概要

　本時の課題「なぜ消費税が導入され，税率が上がったのだろうか？」を追究している場面です。

下線部：テストの出題根拠

生徒A　資料1を見ると，戦前は，間接税の方が多いようですね。この頃の間接税というと主に酒税のようですね。

生徒B　日本では1949年に税制が改められ，直接税の割合が多くなりました。資料2のように，所得税などの直接税は，所得が高いほど税率が高

くなる累進課税の方法がとられています。年俸1億円の野球選手は，45%も取られるのですね。

生徒C 資料1から1980年代は，直接税の割合が70%を超えたようですね。資料2からも，直接税の割合が高くなると，払っている人は不公平に感じるでしょうね。

生徒D そういう背景もあって1989年に消費税が導入されたということのようですね。当時，欧米では当たり前でしたが，日本では買うという行為に対する税にはなじみがなかったようですね。消費税は，所得にかかわらず，みんなが同じ税率で払うから平等ですね。

生徒A いや，そうとはいえません。10万の買い物をすると消費税が1万円という計算になりますが，年収が1千万円の人と100万円の人では1万円の税金が年収に占める割合に差が出てしまうから不公平ともいえます。

生徒B また，資料1に戻りますが，近年は間接税の割合が増えてきましたが，資料3を見ると，国の歳入の多くは消費税なのですね。

生徒C さらに，資料3を見ると，国の歳出の多くは社会保障関係費となっています。これは，経済格差の是正という政府の役割があるからです。

生徒D しかし，経済格差を是正するために，消費税によって歳入を増やすと，結局は不公平感が広まることになりますね。

生徒A そして，歳入総額のうちの税収に対して歳出総額が圧倒的に多いですね。そのため，国債を発行しているという状態です。

生徒B 歳入が少ないからという理由で，消費税が上がったということなのだろうけれど，間接税による不公平感が広まりますね。

生徒C 間接税は，税収が安定するという面もありますね。

生徒D 今後は，どのようにしたらよいのでしょうか。

▌ テストの具体例2

　Nさんは，社会保障費に関する資料を集め，次のようにまとめました。これを見て，(1)と(2)の問いに答えなさい。

資料4　国民負担率と国民所得（NI）にしめる社会保障支出の割合

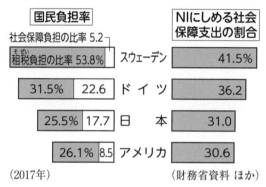

（2017年）　　　　　　　　　　（財務省資料 ほか）

資料5　日本の人口と人口構成の変化

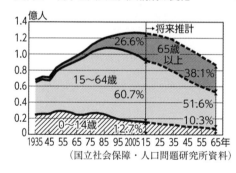

（国立社会保障・人口問題研究所資料）

資料6　社会保障費の推移

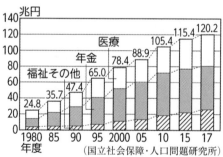

（国立社会保障・人口問題研究所）

資料4～6の出典：『よくわかる社会の学習』
（2022）明治図書

まとめ

　資料4を見ると，国民負担率と社会保障支出の割合には，

　┌─────あ─────┐という傾向があることが分かります。

　私は，┌─────い─────┐ということから，日本は将来スウェーデンのよう

な国を目指すべきだと考えました。しかし，多くの課題があります。

(1) まとめの，[あ] に当てはまることばを書きなさい。

(2) まとめの，[い] に当てはまることばを，使った資料を明記
して書きなさい。

(3) 下線部の課題を資料5と資料6から説明しなさい。

▍ 正答例

(1) 社会保障支出の割合が高い国ほど，国民負担率の割合が高い

(2) 少子高齢化の進む国になり（資料5），社会保障費も増え続けている（資料6）

(3) 現役世代が減少するため（資料5），増える社会保障費の負担が大きくなる（資料6）

▍ 出題意図

出題のねらい	少子高齢社会における社会保障の充実・安定化に関して，資料を読み取り，必要な情報を活用して考えることができるかどうかを問う。
	(1) 高福祉・高負担の国と，低福祉・低負担の国などの資料から，特色を読み取ることができるかどうかを見取る。
	(2) 高福祉・高負担の国を目指したい，という意見に合うように資料を読み取り，表現することができているかを見取る。
	(3) (2)の課題を提示するという立場から同じ資料を読み取り，表現することができているかを見取る。

評価の観点	(1)　知識・技能
	(2)　思考・判断・表現
	(3)　思考・判断・表現
授業との関連	様々な国の社会保障に関する資料から，日本の将来の在り方について話し合い，発表する授業を行う。

▌授業の概要

　本時の課題「日本は将来どのような福祉国家になるのがよいのだろうか？」を追究し，班のまとめを提示している場面です。

下線部：テストの出題根拠

高福祉・高負担（スウェーデン）
・<u>日本は，少子高齢社会に進んでいく</u>。
・<u>社会保障費が毎年増えている</u>。
・あらゆる世代が働ける社会にすれば，所得税などの税収も増えていく。

低福祉・低負担（アメリカ）
・日本の人口は減少する傾向にあるため税収が減る。
・社会保障をしぼりこみ，自己責任で保険に加入していく社会にしていく必要がある。
・高額医療が課題。

現状の福祉を維持して国民の負担を増やす。
・日本は，高齢者の割合が多くなっていく。
・少子化に対応するためにも国民の負担を増やし，育児のしやすい社会にしていく。

現状の国民の負担を維持して福祉をしぼりこむ。
・日本は，現役世代の割合が下がっていく。
・<u>年々増える社会保障費の負担が大きくならないようにして</u>，少子化対策をしていく。

私たちはどのように
社会に関わるのがよいのだろうか？

法の支配に着目して考えさせる問題

　「法に基づく民主政治が民主政治の原理である」ことを理解させるには，自分たちの日頃の対立を合意に導く過程を振り返ることが大切です。

　人権や憲法の学習では，様々な事例を扱うことになります。事例には，多くの課題が含まれており，その解決方法を考えていきます。

　その際，中学生の感覚では，法律をベースに考えられる方が少ない状況があります。「この状況は許せない」「これはかわいそう」などの感情が議論の中で出てくることがあります。こういうときに，法律に基づいて考える「法の支配」の考え方が重要であることに気付かせたいものです。

　「人権や憲法の学習は，法の規定や価値は決まっているため，授業やテストをつくりにくい」という声を聞きます。確かに，そのとおりではありますが，授業において大切にしたいことは，その法ができた背景や意味や意義を考えさせることです。

　授業においては，「法の支配」に基づいて様々な事例を考える中で概念化させたり，概念から事例を考えさせたりする活動が考えられます。テストにおいては，この概念と事例の関係を適切な事例を提示することによって，「法の支配」に着目して考える力を見取ります。

■ テストの具体例1

　次は，Nさんが見つけた日本国憲法に関する資料です。これを見て，(1)と(2)の問いに答えなさい。

> 　子供のゲーム時間などを定めた香川県のネット・ゲーム依存症対策条例※は，ゲームをする時間を決める自由を侵害し，憲法違反だとして，地元住民が県に損害賠償を求める訴訟を起こしましたが，高松地裁は，「憲法には反していない」とし，原告の訴えを棄却する判決を言い渡しました。
>
> ※条例：地方公共団体が独自に定める法のこと。

(1) Nさんが，下線部について調べると，憲法第17条に関わることが分かりました。この条文に定められている権利を，次のア～エの中から一つ選びなさい。

　　ア　国家賠償請求権　　　イ　刑事補償請求権
　　ウ　裁判を受ける権利　　エ　参政権

(2) Nさんは，憲法の効力について規定されている条文を見つけ，次のようにまとめました。まとめの　あ　に当てはまる語を書きなさい。また，まとめの　い　に当てはまることばを，「効力」という語を用いて書きなさい。

まとめ

　　憲法第98条には，「①この憲法は，国の　あ　であつて，……」と定められています。

　　これに基づいて法の構成をまとめたものが右の図です。資料中の地元住民の主張は，図のような　い　という原則に基づいたものです。

図

『よくわかる社会の学習』(2022)
明治図書を基に筆者作成

▌ 正答例

(1)　ア

(2)　あ　最高法規

　　い　憲法に反する条例は効力をもたない

▌ 出題意図

出題のねらい	事例について，日本国憲法の基本原則を理解した上で考えることができるかどうかを問う。 (1)　この事例に当てはまる請求権を理解できているかどうかを見取る。 (2)　「あ」では憲法の条文から，最高法規という言葉を理解しているかどうかを見取る。 　　　「い」では立憲主義の考え方を踏まえて，政治権力も憲法に従う必要があること，憲法に違反する条例は効力をもたないことが説明できるかどうかを見取る。
評価の観点	(1)　知識・技能 (2)　あ　知識・技能 　　　い　思考・判断・表現
授業との関連	・中学生にとって，ゲームの時間を県が条例によって決めてしまうということに対して，反対する意見をもつことが多い。しかし，それを感情で議論するのではなく，法の支配という考え方に基づいて議論する力を身に付けさせる授業である。 ・(1)は，授業で国家賠償請求権の事例を学習し，ここで改めて問いたい。 ・(2)「あ」では暗記的な知識ではなく，最高法規の意味

	を図から考えられるようにさせたい。
	・「い」では「憲法が最も効力がある」という誤答が予想されるが，図の意味やまとめから，憲法に反した条例は効力をもたない，という解答を求めていることに気付かせたい。

授業の概要

本時の課題「人権と憲法はどのような関係があるのだろうか？」を追究し，発表している場面です。

下線部：テストの出題根拠

教　師　香川県では，子供のゲーム時間などを条例で決めています。そして，それを憲法違反だとして，地元住民が県に損害賠償を求める訴訟を起こしています。

生徒A　県に損害賠償を求める，ということがあるのですね。

教　師　こういうのを，<u>国家賠償請求権</u>といっています。

生徒B　県に勝手にゲームの時間を決められるのは嫌だと思います。

教　師　嫌だというのは感情になってしまうので，法で考えてください。

生徒C　ゲームをするというのは，憲法第13条の個人の尊重や幸福追求権ということになる，ということでしょうか。

教　師　そうだとしたら，この条例が憲法違反だとしたらどうなるのでしょうか？

生徒D　憲法は，<u>最高法規</u>とされているため，<u>条例が憲法に反する，ということを裁判所が認めた場合は，条例は効力をもたないことになります</u>。

教　師　そうですね。しかし，この条例を制定した県にも条例を制定する根拠があります。高松地裁は「憲法には反していない」とし，原告の訴えを棄却する判決を言い渡しました。

▌テストの具体例2

問1　Nさんは，次のようなレポートを作成しました。レポート中の
　　　　　う　　　と　　　え　　　に当てはまる語を書きなさい。

レポート

2015年，福岡県は，東九州自動車道の建設予定ルートにあり，用地買収に応じないミカン農園について，農園の経営者が設置した小屋などを撤去する行政代執行※を行った。

※所有者に代わり，行政が適正管理に向けた取り組みを行うこと。

　本来，農園の所有者には，居住・移転・職業選択の自由，財産権があります。しかし，この事例では，農園の経営者の行動が　　　う　　　ため，福岡県が行政代執行に踏み切りました。

　憲法第29条に，「私有財産は，　　　え　　　の下に…」とあるように，農園の経営者には，1億円以上が支払われますが，行政代執行にかかった費用は，農園所有者が負担することになりました。

問2　Uさんは，教師と次のような会話をしました。これを見て，(1)と(2)の問いに答えなさい。

　　Uさん：職業選択の自由があっても自由の制約があるのは，どのような
　　　　　　職業ですか。
　　教　師：例えば，医師，弁護士，税理士，そして教職員です。
　　Uさん：分かりました。これらは，就職する前に　　　お　　　の取
　　　　　　得が必要なのですね。
　　教　師：そのとおりです。授業では，労働基本権があっても，制限される職業についても話しました。それでは，次のア〜カの職業の

うち，日本の法令上，ストライキなどの団体行動権を起こすことができないとされている職業を，全て選んでください。

教　師：
ア　民間航空機のパイロット　　イ　文部科学省の職員
ウ　民法放送局の社員　　　　　エ　区役所の職員
オ　公立中学校教諭　　　　　　カ　プロ野球選手

Uさん：答えは，[　　　か　　　]ですね。
教　師：そのとおりです。進路を考える上では，このようなことも理解してくださいね。

(1) 会話文中の[　　　お　　　]に当てはまる語を書きなさい。
(2) また，会話文中の[　　　か　　　]に当てはまる職業として正しいものを，会話文中のア～カの中から全て選び，その記号を書きなさい。

正答例

問1　う　公共の福祉に反している
　　　え　正当な補償
問2　(1)　資格
　　　(2)　イ　エ　オ

出題意図

出題のねらい	事例について，日本国憲法における自由権や公共の福祉による制限を理解した上で考えることができるかどうかを問う。
	問1　財産権と公共の福祉に関する問題

	う　この事例が「公共の福祉に反する」と判断されたことを，表現することができているかを見取る。 え　財産権は，正当な補償という言葉が理解できているかを見取る。 問2　職業選択の自由と公共の福祉に関する問題 (1)　一部の職業に就くためには資格という制約があることを理解できているかを見取る。 (2)　公務員のストライキ禁止など，労働基本権について理解できているかを見取る。
評価の観点	問1　う　思考・判断・表現 　　　　え　知識・技能 問2　(1)　知識・技能 　　　　(2)　知識・技能
授業との関連	・公共の福祉について扱うと「制限を受けた人がかわいそう」「法律は冷たい」などの感情をもつ中学生は多い。しかし，こうしたときこそ，「法の支配」という考え方で捉えることの重要性を認識させたい。 ・問1は，ミカン農園の所有者が理不尽な思いをしていることを理解させつつも，県はどのような法を根拠に行政代執行に踏み切ったのかを捉えさせる。また，憲法上，どのような補償があるのかについても触れ，その妥当性についても議論させる。 ・問2は，中学生にとって重要な権利である職業選択を事例とした。職業に就くために資格を取ることや，就いた後も労働基本権の制限を受けることの背景に，憲法があることを捉えさせたい。

▌ 授業の概要

　本時の課題「人権は，どのようなときに制限を受けるのだろうか？」を追究し，発表している場面です。

下線部：テストの出題根拠

教　師　ここは，ある人が経営するミカン農園です。

教　師　2015年，福岡県は，東九州自動車道の建設予定ルートにあった用地買収をすることになりました。

生徒A　個人の土地なのだから，それを勝手に買収するのはおかしいと思います。

生徒B　確かにそのとおりですが，買収しようとしているのが県で，つくるものが高速道路であれば，みんなのものをつくるということで認められるのではなかったでしょうか。

生徒C　もし，拒否し続けたらどのようになるのですか？

教　師　この事例では，行政代執行といって，強制的に立ち退くことになりました。

生徒D　ひどい。しかし，公共の福祉に反している，という判断になってしまうのですね。ところで，国や地方公共団体は公共の福祉のためだったら，個人の財産でも没収できてしまうということですか。

教　師　確かにそのとおりなのですが，憲法第29条の規定を読んでみてください。「私有財産は，正当な補償の下に，これを公共のために用ひることができる」とありますね。

　問２は授業形式のため，省略します。

私たちはどのように
政治に関わるのがよいのだろうか？

■ 民主主義に着目して考えさせる問題

　民主主義という考え方は，社会科に限らず学校教育のあらゆる場面で触れる場面があると思います。そのような中で社会科としての民主主義の扱いとは何かを考える必要があります。

　「民主主義とは，多数決である」という認識は間違いではありませんが，多数決をとる方法によっては平等性が侵害されたり，そのときの多数派が，その後何度多数決を行っても多数派になるような仕組みをつくったりすることになりかねません。

　社会科としての民主主義は，常に問い直されるものであることにあると考えます。そこで，本項では，次のような事例に基づいて民主主義に着目させるようにしました。

① 「なぜ衆議院総選挙が行われた後の初めての国会で，内閣は総辞職をしなければならないのか？」
② 「一票の格差はどのようにすれば解決できるのだろうか？」

　二つの事例は，制度を理解するためにあるのではなく，その制度の背景にある民主主義の考え方を理解し，問い直すために設定しました。ここで紹介するテスト問題は，制度の理解だけを問うわけではなく，背景にある授業を踏まえて解答させることを意識しました。

▊ テストの具体例1

　Nさんは，2012年12月の第96代安倍晋三（あべしんぞう）内閣の成立について調べました。第95代野田佳彦（のだよしひこ）内閣が衆議院を解散し，この内閣が成立するまでの一連の出来事を示した次のア〜オのカードを作成しました。

　オのカード以降，ア〜エのカードを，内閣が成立するまでの出来事の順に並び替え，その順に記号を書きなさい。

ア ｜ 内閣の総辞職 ｜

イ ｜ 国務大臣の任命 ｜

ウ ｜ 衆議院総選挙の投開票 ｜

エ ｜ 特別国会での内閣総理大臣の指名 ｜

オ ｜ 衆議院解散 ｜

▊ 正答例

　オ → ウ → ア → エ → イ

▍出題意図

出題のねらい	衆議院が解散されてからの一連の流れを民主主義という視点から問う。正解の流れは次のとおり。 オ…衆議院解散から始まることを示している。 ウ…衆議院選挙の投開票によって新たな衆議院議員が選出される。 ア…日本国憲法第70条「衆議院議員総選挙の後に初めて国会の召集があつたときは，内閣は，総辞職をしなければならない」に基づいて内閣が総辞職する。 エ…衆議院解散後の総選挙の日から30日以内に召集される特別国会で内閣総理大臣の指名（首班指名）が行われる。 イ…指名された内閣総理大臣が国務大臣を任命する。
評価の観点	思考・判断・表現
授業との関連	・生徒の正答率が最も低いのが，アの位置である。アの位置を問うだけでもよいが，この問題では一連の流れを問うことで，思考の流れを見取ることにした。 ・アについては，暗記的な知識ではなく，衆議院議員総選挙を受け，新たに選ばれた国会議員によって改めてその信任を受けるための憲法規定上の総辞職である，ということを理解させたい。 ・首相を選んだのは選挙で選ばれた国会議員であり，選挙によって国会議員が変われば違う総理大臣を指名することもあること，選挙によって国会の第一党が変われば政権交代が起きることなども捉えさせたい。

授業の概要

本時の課題「国会と内閣はどのような関係なのだろうか？」を追究している場面です。

<u>下線部：テストの出題根拠</u>

教　師　現在の岸田文雄首相は第101代ですが，第100代は誰でしょう？

生徒A　菅義偉首相でしょうか。

教　師　いいえ。菅首相は，99代です。100代は岸田首相です。それでは，菅首相退陣から現在の岸田首相になるまでの2021年の流れをまとめてみましょう。

月日	出来事
10月04日	菅義偉内閣総辞職，岸田文雄内閣（第一次）へ
10月14日	<u>衆議院解散</u>
10月31日	<u>衆議院総選挙の投開票</u>
11月10日	<u>岸田内閣（第一次）の総辞職</u> <u>特別国会で岸田氏が首相に指名される</u> <u>岸田内閣（第二次）の国務大臣の任命</u>

生徒B　特別国会の前に岸田内閣（第一次）が総辞職しているのですね。だから一人で二代なのですね。衆議院総選挙で新たに選ばれた国会議員が改めて首相を指名しないと民主主義にならないからですね。

生徒C　こうしてみると，衆議院を解散すれば，国会議員が無職になるのに，首相は国会議員ではないけれど立場はそのままなのですね。

生徒D　選挙期間中に首相が不在というわけにもいかないからでしょうね。

教　師　ところで，岸田内閣（第一次）は何日ありますか。38日で，憲政史上最短内閣といわれています。

生徒E　これは，首相の判断だけでなく政党や選挙の都合もあるようですね。

▌ テストの具体例2

　Nさんは，選挙に関する資料1と資料2を参考に，選挙の課題について
まとめました。これを見て，(1)～(3)の問いに答えなさい。

資料1　2013年　| X |　選挙結果

選挙区	定数	当選者名	得票数	有権者数（人）	議員一人当たりの有権者数（人）
埼　玉　県	3	古川　俊治	1,000,725	5,882,567	1,960,856
		矢倉　克夫	599,755		
		行田　邦子	485,559		
島　根　県	1	島田　三郎	202,181	587,809	587,809
鳥　取　県	1	舞立　昇治	160,783	482,192	482,192

資料2　2016年　| X |　選挙結果

選挙区	定数	当選者名	得票数	有権者数（人）	議員一人当たりの有権者数（人）
埼　玉　県	3	関口　昌一	898,827	6,069,018	2,023,006
		大野　元裕	676,828		
		西田　実仁	642,597		
鳥取・島根県	1	青木　一彦	387,787	1,070,057	1,070,057

　　　　　　　　　　総務省「2013年の選挙　選挙結果」(https://www.soumu.go.jp/main_content/000244389.pdf)，「有権者数」
(https://view.officeapps.live.com/op/view.aspx?src=https%3A%2F%2Fwww.soumu.go.jp%2Fmain_content%2F000244363.xls&w
dOrigin=BROWSELINK)，「2016年の選挙　選挙結果」(https://www.soumu.go.jp/main_content/000430629.pdf)，「有権者数」(htt
ps://view.officeapps.live.com/op/view.aspx?src=https%3A%2F%2Fwww.soumu.go.jp%2Fmain_content%2F000430604.xls&wdOr
igin=BROWSELINK) を基に筆者作成

まとめ

　資料1から，2013年の選挙においては，三つの選挙区間で ［　　あ　　］ がある，という課題が読み取れます。その根拠は，資料1を見ると，［　　い　　］ という状態であると読み取れるからです。

　これに対し，最高裁判所は，日本国憲法の定める「法の下の平等」などに反する状態（違憲状態）であるという判決を下しました。

　これを受けて，国会は2015年に，公職選挙法を改正しました。資料2を見ると，2016年の選挙にあたり，［　　う　　］ という改正をして，問題の解決を図ることにしたことが読み取れます。これに対し，2017年9月27日に，最高裁判所は，合憲と結論付けました。

(1) 資料1，資料2中の ［　X　］ に当てはまるのは，衆議院と参議院のどちらか書きなさい。また，そのように判断した理由を書きなさい。
(2) まとめの ［　あ　］ に当てはまる語を書きなさい。
(3) まとめの ［　い　］ に当てはまることばを書きなさい。
(4) まとめの ［　う　］ に当てはまることばを書きなさい。

▍ 正答例

(1) 　議院：参議院
　　根拠：県ごとに選挙区が割り振られているから。（3年ごとに選挙が行われているから。）
(2) 　一票の格差
(3) 　県によって当選に必要な票数が変わってしまう（一票の重みが変わってしまう）
(4) 　島根県と鳥取県を合区にする

▌ 出題意図

出題のねらい	実際の選挙結果から課題を見いだし，民主主義という視点から解決策を考えることができるかどうかを問う。 (1)　選挙の定数から都道府県を単位とする選挙区制度を取り入れている参議院であることが理解できているかを見取る。衆議院は「総選挙」と呼ぶのに対し，参議院は「通常選挙」と呼ぶことにも注意したい。 (2)　資料1から一票の格差が起きていることを読み取ることができているかを見取る。 (3)　一票の格差が起きている，という結論を導いた生徒がそのように判断した根拠を表現することができているかを見取る。具体的な候補者を挙げて説明するだけではなく，課題全体を一般化して捉えられていることが採点基準となる。 (4)　合区をつくることで一票の格差を解決しようとしていることが理解できているかを見取る。
評価の観点	(1)，(2)　知識・技能 (3)　　　　思考・判断・表現 (4)　　　　知識・技能
授業との関連	・選挙制度は，小選挙区制や比例代表制など，覚えることが多いという印象をもつようである。しかし，大切なのは選挙制度の意味を考えたり，その課題を捉えたりして，よりよい選挙制度を考えることである。 ・一票の格差については，資料から当選者の中にある不平等を読み取ること，そのための対策として選挙区割りの変更があることに気付かせたい。

授業の概要

　本時の課題「日本の選挙制度には，どのような課題があるのだろうか？」を追究し，発表している場面です。

下線部：テストの出題根拠

教　師　選挙の課題について調べたことを出しましょう。

生徒A　2013年の参議院選挙では，埼玉県と，島根県・鳥取県の間では，一票の格差があるということが分かりました。

教　師　もう少し分かりやすく説明できますか？

生徒A　確かに埼玉県と島根県・鳥取県では人口の差はありますが，議員が当選するための票に差があるということです。

生徒B　つまり，埼玉県と島根県・鳥取県では，一票の重みが島根県・鳥取県の方が重く，３倍以上あるということになります。

生徒C　最高裁は，この選挙では最大4.77倍の格差があったとして，平等ではないとして「違憲状態」という判決を出しているのですね。

生徒D　「都道府県単位の選挙方法を改めるなどの改革が必要」ということまで求めたようですね。

教　師　それでは，実際にどう対応すると，平等な選挙になりますか？

生徒A　人口の多い地域は定数を増やす，人口の少ない地域は定数を減らすということが考えられます。

生徒B　そうすると，国会議員の数の問題にもなるから難しいですね。

生徒C　結局10増10減ということで，定数を増やしたところ，定数を削減したところ，合区にしたところがありました。合区は，島根県と鳥取県，徳島県と高知県をそれぞれ一つの選挙区とするということで，2016年の参議院選挙から適用されています。

生徒D　合区は，都道府県単位の選挙区という参議院の原則から大きく変わりますね。地元の人も地元の代表を選んでいるようには感じられなくなってしまうことが課題になっています。

第3章

学びの履歴を可視化する
デジタルポートフォリオ
の可能性

1 未来の学校に必要な新しい評価方法とは

　現代は，将来の予測が大変困難な時代にあります。新型ウイルスの流行，地球温暖化による気候変動や，突然の災害など様々な事象が次々と起こっています。こうした想定外の出来事が次々と起こる時代，それは変動性，不確実性，複雑性，曖昧性の頭文字をとって「VUCA」時代といった言葉で特徴づけることができるでしょう。それは国際社会，政治・経済やビジネスばかりでなく，個人の生き方に至るまで影響しています。例えば，働き方においても，従来の日本で当たり前だったものが大きく変貌しようとしています。

　そうした変容，変動する時代を乗り切るために必要なスキルとはどのようなものでしょう。例えば，技術の変化に対応して学ぶべき事柄も変わってくることから，大切なのは情報収集力だといわれています。また，人から教えられることばかりではなく，自分の頭を使って物事を考える力が大切だともいわれます。そして，自分の力をいつでも，どこでも発揮できる汎用性の高い資質・能力をもった人材が求められているともいわれています。

　平成 29 年に告示された新学習指導要領では，各教科の目標及び内容が，育成を目指す資質・能力の三つの柱（「知識及び技能」「思考力，判断力，表現力等」「学びに向かう力，人間性等」）に沿って再整理されました。これにより，教師が生徒たちにどのような力が身に付いたのかを的確に把握して評価して，授業の改善を図っていくという「指導と評価の一体化」の実現が求められています。常に変化し続ける現代の社会を見据え，未来の社会を創り出す有為な人材を育てるためにも，その担い手を育てる教育現場には，大きな責任が任されているともいえます。

　そうした変化に対応し得る資質・能力の育成には，評価のあり方がとても重要になってくるのです。教師は，生徒たちの学習状況を評価するために，「個々の授業のねらいをどこまでどのように達成したかだけではなく，子供たち一人一人が，前の学びからどのように成長しているか，より深い学びに向かっているかどうかを捉えていくことが必要」（中央教育審議会「教育課

程企画特別部会 論点整理」）であると述べられています。評価する教師が，「何を，どのように評価するのか」（評価機会，評価物の多様性）と，「個々の子どもの学びがどのようにつながっているのか」（学びの履歴）をいかに確保していくのかが大切になってくるといえます。

　こうした問題意識に立った上で，これからの未来の学校においては，生徒の成果物と教師の評価対象を双方向に「見える化」して，デジタルポートフォリオとしてデータを蓄積・活用していくことが求められていくのではないかと考えています。ここでは，まだ試行錯誤をしている取組でありますが，その一端をご紹介させていただきます。お読みいただいた皆様にもご意見，ご指摘をいただければ幸いです。

2　新学習指導要領が求める資質・能力をどう育てるのか

　これからの生徒には，グローバル化や AI（人工知能）をはじめとする技術革新が急速に進む中，社会の変化を受け止めるだけでなく，主体的に関わりあって，自ら新しい社会の在り方を模索していくことが求められています。こうした考えのもと，平成 29 年告示の新学習指導要領では，何ができるようになるかという観点から，どのような資質・能力を育んでいくかという課題が各教科において求められるようになりました。例えば，公民的分野では，大項目 A の中項目(1)から大項目 D の中項目(2)までが，内容のまとまりとして合計 8 つの単元として捉えています。さらにその中項目ごとに「知識・技能」「思考・判断・表現」「主体的に学習に取り組む態度」という育成の 3 観点で評価規準を作成することになります。

　まず，「知識・技能」について，知識は学習の目的に沿って生徒が「○○を理解している」かどうかを見取ることができるように示し，技能は地理・歴史の学習で身に付けた資料を読み取る力や比較検討する力などをさらに習熟させるような場面を設定して，生徒が「○○を身に付けている」かどうかを見取ることができるようにするということです。次に，「思考・判断・表

現」については，生徒が思考・判断した過程や結果を適切に表現しているかどうかを見取るもので，口頭での発表やワークシートの記入，レポート，ノートなどへの記述内容をもとに評価することになります。その際には社会的な見方・考え方に着目して考察をしているかを見取ることが重要です。最後に「主体的に学習に取り組む態度」については，知識・技能を獲得したり，思考・判断・表現したりすることに向けて粘り強く取り組もうとする側面と，自らの学習を調整しようとする側面の2方向から評価することになります。

「主体的に学習に取り組む態度」の評価のイメージ（国立教育政策研究所「『指導と評価の一体化』のための学習評価に関する参考資料　中学校社会」より）

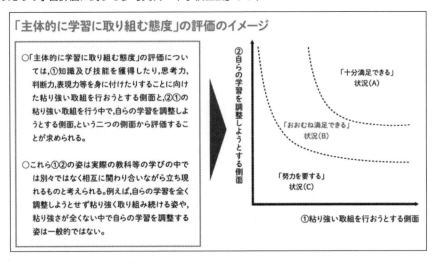

このうち，学習の調整については，単元の始めと終わりに立てた見通しと振り返りの記述の内容を踏まえて，今後の学習の向上に生かせる事柄により評価をします。「主体的に社会に関わろうとする態度」については，単元全体の見通しをもたせながら，授業ごとの問いに対する自分なりの意見を表現し，最終的に単元の学習が終わっても引き続き関心をもって追究し続けよう，改善していこうとする事柄を評価することになります。

なお，評価規準の作成にあたっては，学習指導要領に定められた内容についておおむね満足できる状況まで達成している場合をA・B・CのうちのB評価として，その具体的な姿を明示することが求められています。

3　「問い」を軸にした社会科の授業づくりのポイント

　現代はその変化，変貌が大きく，予想不可能であると述べましたが，その特徴はまさに生身の「中学生時代」の３年間の成長，発達の姿にぴったり当てはまるのではないでしょうか。中学校時代は，社会的な事象に対する関心がより一層高まってくるとともに，社会がどのようになっているのかという構造的な理解力も深まり，社会に対する自分なりの見方にこだわりをもつようになる時期でもあります。

　特に，中学校の最終段階となる公民的分野では，地理的分野と歴史的分野との関連性を意識しながら現代社会における諸問題を取り上げ，課題や論点を見いだし，その課題の解決に向けて討論をするなど，自分とは異なる他者の視点を受け入れながら，自分の価値観を問い直し，よりよい社会の実現を目指す公民としての資質を育てるために大切な仕上げの時期でもあります。

　こうした変化する時代に変貌し続ける中学生を教える，社会科の教師として，教科の専門性を高めることは第一義的な目的であるとしても，単に教科の指導だけをしていては中学校の教師は務まるというものではありません。育てるという意味では，人から教えられることばかりではなく，自分の頭を使って物事を考える力を生徒に身に付けさせることが求められているからです。そこには扱う単元において，教材を選択する教師の意図と学ぶべき知識を，どうやって生徒の興味・関心を引き起こすように融合させていくのかという課題があります。そこで教師が社会科の授業で扱う教材を選択する際に大切にしたいポイントは，生徒にとって「意外性」「社会を変えていく変革性」「科学的な知見をもたらす客観性」があるかどうかであると考えています。

　次の図は，主体的な学びを促す授業モデルとして，現代社会の特色を学習

する単元を例に図式化したものです。

主体的な学びを促す授業モデル

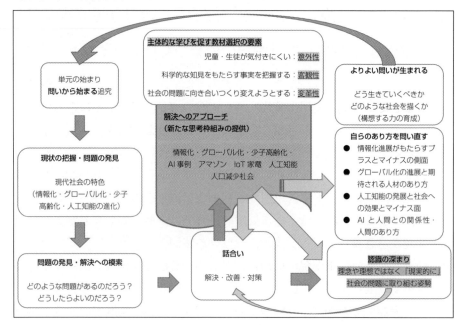

　中学校社会科の授業を知識偏重の授業から脱却させ，生徒に思考させたり，判断させたりすることを促すためには，授業の中で「問い」を設定していく必要があります。「問い」があることで，生徒の思考や判断が促され，さらに話合いの活動や発表などの展開を加えることによって，対話が生まれ，他者の意見から自らの考えを再考したり，新たな疑問が生まれたりするなど，「問い」があるだけではなく，新たな「問い」につながりをもたせるように授業を構成していくことが大切です。

　この「問いの構造化」が，知識の偏重に陥らずに，自分から考えて問題に取り組もうとする姿勢を促していくのだと考えています。

4 社会的な見方・考え方を働かせる授業づくりの手立て

　具体的な授業の場面において，新学習指導要領の中の「社会的な見方・考え方を働かせる」というのはどういうことなのでしょうか。いわゆる知識偏重から抜け出して，獲得した知識を活用させていくような授業の展開を目指していくことが社会的な見方・考え方を働かせることにつながるといえます。そこで，社会科で育てたい力の要素について全体をつかむような枠組みを使って説明します。公民的分野の現代社会の特色の単元を例にします。

　まず，知識の面では，知識を獲得する「知っている」段階と，知識の意味を理解する「わかる」段階，さらに知識を有用に使ったり新たなものを創り出したりするように知識を「使える」段階の3つに分けて考えてみます。この「使える」という部分が，見方・考え方を働かせるものであって，目指すべき授業の完成形というか，目標のようなものというふうに考えています。

社会科で育てたい力の要素を全体像として捉える枠組み

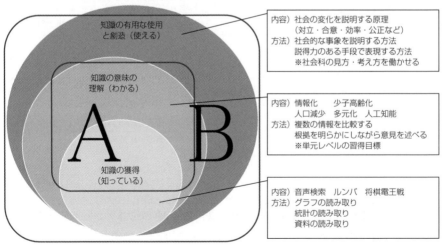

松下佳代（2007）『パフォーマンス評価—子どもの思考と表現を評価する』日本標準，
三藤あさみ・西岡加名恵（2010）『パフォーマンス評価にどう取り組むか—中学校社会科のカリキュラムと授業づくり』日本標準
を基に著者作成

例えば，私が授業をしたもので一つ例を出していきたいと思います。

1　単元名　現代社会の特色　「AIで変わる社会」
　　教科書：「つながる私たちと世界～グローバル化・情報化の影響～」（教育出版）
2　単元の目標
　(1)　社会科としての目標
　○現代社会の特色を情報化・グローバル化・少子高齢化等の視点から考察し，背
　　景となる問題まで幅広く捉えさせ，現状と課題について理解する。
3　本時の学習指導
　(1)　本時のねらい
　　・身近なところで活用されているAIの存在に気付き，その仕組みや有用性を
　　理解させ，私たちの生活と関わらせながら社会に与える影響や課題を考えさ
　　せる。
　(2)　本時の展開

時配	学習内容と活動	指導上の留意点 学びを深める手立て ①「教材」②「指導法」
導入5分	●イメージづくり 　人工知能（AI）に対してどんなイメージをもっているか。身の回りにあるAIが搭載された商品を探してみよう。	①AIが搭載されたことで，生活が便利に変わった反面，その存在を懸念する声もあることに気付き，学習の動機付けとする（好奇心・探究心）。
展開35分	●映像の視聴 　NHK「人工知能　天使か悪魔か2017」（2017年6月放送）から，人工知能（ポナンザ）と人間が将棋で対戦する場面を視聴する。 ●課題学習 Aさん　：牛乳　ソーセージパン Bさん　：牛乳 Cさん　：牛乳　メロンパン 　牛乳のみの購入をしたBさんにはどのような商品を推薦すべきだろうか。 →ランダム　適当　高い確率で購入してもらえる商品を推薦 推測するために必要なもの＞購入履歴 （Bさんの購入履歴）　チョコチップ シナモンロール　ジャムパン	人工知能の学習方法の一端（機械学習）を理解する（好奇心・探究心）。 ②教えた以上のことができるAIの特徴を単純な事例を通して理解する。 　どのような理由で最適解となる商品を導き出したのか，また，最適解を導くためにどのような情報が必要かを考えさせる（批判的思考力）。 ①AIの技術を応用したタクシー会社の事例を視聴し，AIの導入で，

	●AIを活用した事例 　映像資料（NHK）からAIが社会で応用されていく事例を紹介する。 ●資料の読み取り 　AIの活用がこれからの企業の成長の重要な要素となることを踏まえ，AIの導入如何にかかわらず影響を受ける業界・業種を取り上げ，産業構造の変化の様相をつかむ。 　合わせて，将来就きたい職業はどうなってしまうのか，いくつかの例を検討する（スポーツ選手，保育士，教師，医師など）。	今まで対応できなかった（お客の）要求への対応が可能になり，売り上げ向上につながり，企業戦略の一つとして位置付いていることに気付かせる。 　<u>①経済産業省「新産業構造ビジョン」から</u>，職業別従業員数の変化に着目させ，AIによる効率化が人件費の削減にもつながり，その影響を大きく受ける業界と，新たに雇用が創出する分野もあることに気付かせる。 　将来就きたい職業を取り上げ，<u>②AIに任せる部分と人間が担う部分に分類する</u>ことで，AIとの共存・住み分けのあり方を考える（批判的思考力）。
まとめ 10分	●批判的な思考，価値認識の深まり 　AI時代のその先にある課題を話し合う。映像（NHK）を視聴し，人工知能の可能性と限界（怖さ），どこまでAIに任せられるのか，などについての問題提起を得る。	AIは人々を幸せにするのか，これまでの学習をふまえ，AI時代を生き抜くためにどのような課題があるのか，AIと人間との関わり方について，グループで話し合いを行う（協働する力）。 　AI社会は人間を幸せにするか，その課題を検討する（よりよい社会への意識）。

　例えば，教材として人工知能を扱ったときに，身近にその技術が使われていると知っていても，その人工知能の内容の理解と，それが社会にどう影響して生かされていくか，どう扱われていくか，その両方の視点で考えていくと，先ほどの図の中のAと書いてある「知っている」，「わかる」からBという「使える」というレベルへと一本の授業の展開としてつながってきます。

　展開部分では，「人工知能というのは何だろう？」という問いを立てたときに，Aさんは牛乳とソーセージパンを買い，Bさんは牛乳を買い，Cさんは牛乳とメロンパンを買いました。Bさんに推薦する一番牛乳に合うパンを

最適解として求めなさいという設定で考えると，AI だと，たちどころに最適解として出してくるわけです。

　どうしてそれを出してきたのかは分からないけれども，「何か，AI って面白そうだな」みたいに，それが「知る」段階で，そこにタクシーの例がかけ合わされたときに，今までの乗車状況を集めたデータと携帯電話の位置情報を基に，「ここに行くとお客がいる」というような最適解が導き出され，実際に空車で走行する時間が短縮されて売り上げにもつながる，といったいわゆる「効率」の概念が見方・考え方として出てくるわけです。仮にタクシーの台数が多くても，適材適所に配車できれば，潜在的なお客のニーズを開拓することができて，企業としての売り上げアップにつながります。

　こういう実践的な AI の活用事例もあれば，一方で経済産業省から指摘されている，AI に対応をしない業種はどんどん奪われていくし，将来的には700万人以上の雇用のロスになるというような負の側面もあるということで，まとめとして AI と人間との関わり方について話合いをするわけです。

　実際の生徒たちの感想を拾い上げてみたときに，先ほどの社会科で育てたい力の要素の図でいえば，A の「知っている」，「わかる」レベルの感想というものは，「AI って怖いな」「AI って経営に生かすと効率がよくなるんだな」，逆に「将来の職が奪われるんだな」というように，勉強したから分かったことです。そこから，「いや，そうかといって，一人一人の人間性を高めていかないと，人間の存在意義がなくなっちゃうよね」「AI が運転した自動車が死亡事故を起こしたときに，その損害賠償を誰が払うのかという問題もかかわってくるよね」「AI が進歩していくと，AI 同士の戦争とか怖いよね。だけれども，例えば，人口，環境，エネルギー問題なんかが AI によって，その効率性という面から解決できるんじゃないのかな」というように，その学んだ知識を「使える」という，学習の流れをつくっていくと何かしらの問題解決的なアプローチを生徒たちの中で想像し，創出していくようになっていきます。そういう授業を，いわゆる社会的な見方・考え方を働かせる授業というふうに考えています。

5　振り返りのワークシートを使った学習評価の取組

　これまで授業づくりや問いの構造化，教材選択のポイントなどを述べてきましたが，学習評価については，「エバリュエーション（evaluation）」と「アセスメント（assessment）」という，2つの観点で整理して論じられることが多いようです。ここでは，前者を総括的評価，後者を形成的評価として考えます。

　次の参考資料にあるようなワークシートは，単元の始まりと終わりの段階でどのような認識が生徒たちに身に付いたのか，それを評価の対象とするために用いられるものです。

参考資料　ワークシート

経済活動に関する諸問題について，
私たちはどのように関わっていくべきでしょうか。

1　単元全体の見通し　学習を進める上で，あなた自身が重要となる言葉を自分で決めて，
書き出しましょう。
【キーワード】
（　　　　　　　）（　　　　　　　）（　　　　　　　）（　　　　　　　）

2　学習のまとめと振り返り
　第一次「私たちの消費生活」

まとめの課題	とても　　ふつう　　ぜんぜん 5　　4　　3　　2　　1	⬎
④よりよい消費生活を送るために消費者の自立が求められていることとしてはどのようなことがあるでしょうか。	①考え方・判断に影響はあったか。	
	②これからの生活に生かしていこうと思ったか。	
	③学習する内容が理解できたか。	

　第二次「市場経済の仕組みと金融の働き」

まとめの課題	学習の振り返り　自己評価

④自由競争の努力によって経済が発展し市場が活性化していきますが，その長所と短所を説明しましょう。	①考え方・判断に影響はあったか。	
	②これからの生活に生かしていこうと思ったか。	
	③学習する内容が理解できたか。	

第三次「企業の生産活動と労働」

まとめの課題	学習の振り返り　自己評価	
④現代の経済活動における企業の役割や労働者の労働環境を守るためにはどのような取組が必要であるか，あなたの考えをまとめてみましょう。	①考え方・判断に影響はあったか。	
	②これからの生活に生かしていこうと思ったか。	
	③学習する内容が理解できたか。	

3　単元全体を通してのまとめ

　私たちがよい社会をつくっていくために，今日の経済活動に関する諸課題を例にあげて，その課題を解決するためにどのように関わっていけばよいでしょうか。単元の学習を通してあなたが理解したことや考えたことを書いてください。

（あなたが学習を始める前にキーワードに記載した内容を○で囲み，**新たに出てきたものに下線を引きましょう**）

　例示したワークシートは，経済の学習を始めるにあたり，全体の見通しをもたせながら，単元ごとの問いに答えを記入し，最終的に単元全体を振り返らせるためのものです。

　まず，生徒たちには経済活動にまつわる関心のある事柄をキーワードにして記入してもらいます。例えば，円高，不況，IT産業など，この時点でその内容や正しい理解などは求めません。このキーワードが最終的には単元全体をまとめる問いの中でさらに詳しく述べられたり，新しく出てきたキーワードに下線を引かせたりすることによって単元全体の学習を通して何を，ど

のくらい学んだのか，学習者自身が自分の学びを客観化して見取ることが可能となります（メタ認知）。学習者の学びを可視化させることができれば，評価する教師の側にとっても判断する材料としやすく，学習者と評価者（教師）との間の評価材を共有することができます。

　また，第一次から第三次までの小単元ごとに「まとめの課題」が設定されており，竹の節目のように学びの節をつけながら振り返りができるようになっています。この記述した内容にさらに，①は学習活動の中で他の人の意見や話合いの活動を通して，自分の考えや判断に影響があったかどうかをたずねるものです。②は，他者との関わりの中で感動や満足に満ちた経験を通して積み重ねられた知識をどのように生活に生かしていけるのかをたずねるものです。③は学習する内容が理解できたかをたずねるものです。最後に④は，自分の考えが変化した部分の検証を学習課題として設定し，目的意識をもって主体的に活動をしていたかどうかをたずねるものです。

　単元全体のまとめは，それまで獲得した知識の上に立って，学習課題や問題を生徒がどのように考え，理解し，新たな課題を見いだし，知識がどのように関連付けられているかをみるものです。特に探究活動を通して得た様々な情報を取捨選択して，整理しながら知識同士を関連付けて，単元の冒頭に記載したキーワードが反映されている場合には，学習者自らに○で囲むなどさせ，新たなキーワードが出現している場合には，下線を引かせるなどして，単元の学習を始める前と後での違いがより際立つ形で示させることで，学習者自身が学びの蓄積を実感し，教師の側にとっても新たな知識の獲得や概念の形成の様相を知る有効な手段にもなります。

6　デジタルポートフォリオによる学習評価の取組

　ワークシートを活用した学習の振り返りにおいて，特に生徒の探究活動を通して得た様々な情報を取捨選択して，整理しながら知識同士を関連付けて，自分の考えを文章にまとめる活動は社会科の授業においてとても重要です。

これまでにも数多くの授業を実践した中で，探究活動や論争的な問題を取り上げ，生徒からの意見を感想シートに記入してもらって，最後に各個人で課題についてまとめる活動を行ってきました。

　例えばこれまでに，公民的分野の学習で以下のようなテーマで生徒たちに小論述を書いてもらいました。

【テーマ】AI 時代における人間との共存の課題は何か。
【テーマ】日本の外国人労働者の受け入れの課題は何か。
【テーマ】LGBT 法案の国会提出見送りの判断をどう思うか。
【テーマ】憲法の改正についてどう考えるか。

　近年は新型コロナウイルスの影響で十分な話合い活動の実施ができませんでしたが，GIGA スクール構想で 1 人 1 台の ICT 端末が導入されたことで，オンラインで生徒の意見を集約し，集積することができるようになりました。つまり，これまでは実践が終わるごとに，生徒に意見を紙に書かせてレポートにまとめていましたが，これからの未来の学校づくりにおいては，生徒の成果物と教師の評価対象を双方向に「見える化」して，デジタルポートフォリオとして活用していくことが求められていくのではないかと考えています。
　デジタルポートフォリオのイメージは以下のようなものです。

○自分自身のまとめノートの作成
　　→単元ごとのまとめの記述を生徒自身が振り返り，自己調整をしてくれるツールとしての個人ノートとして蓄積させていく。
○教師が持っている提出物を本人はもちろん友達同士でも共有する
　　→生徒の互いの成果物を共有して学び合いの場として活用していく。

　こうした試みをするにあたり，いくつかの段階を追って取り組む必要があります。それが次の①〜③のステップです。

デジタルポートフォリオ化のステップ

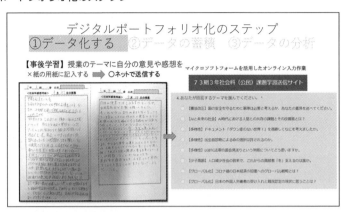

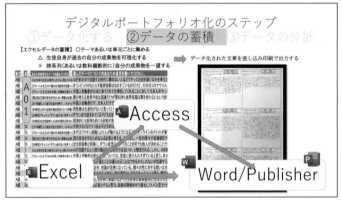

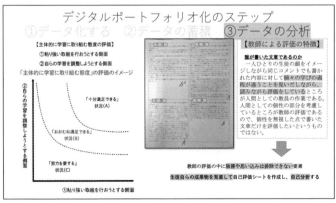

①データ化する

　生徒の学習の感想を紙の媒体以外に記録する方法として活用したのが Microsoft Forms による入力作業です。アンケート項目にしたがって生徒が自宅で学習の内容を振り返りながら，授業のテーマごとに自分の意見や感想を送信していくことができます。送信されたデータは教師が Excel データとしてダウンロードして閲覧することができます。

　また，学校と自宅の学習の往還という視点からも，今まで授業時間の中で書かせていたり，放課後に残って書いていたりすることもあった課題が，自宅での学習に移行し，その分授業時間や扱う内容を増やすこともできるようになります。生徒にとっては，自宅で何度でも文章を推敲して納得のいくものを書き上げて送信することができます。

②データの蓄積

　Microsoft Excel で集められたデータの蓄積は提出された課題ごとに集められますが，次の課題として授業テーマごとにファイルが作成されるために，生徒個人に紐付いた情報として取り出すことが難しくなっていきます。蓄積の方法としては，単元ごとに集めることはできても，縦軸としての時系列（あるいは，将来的には他教科も含めて横軸としての教科横断的な）俯瞰図のように自分の成果物を一望することができるようにするために Excel シートのままではデータの活用に壁があります。そこで①のデータを Microsoft Word や Microsoft Publisher に差し込んで印刷の形式で出力できるようにすれば，社会科のデジタルポートフォリオとして活用することができるようになります。

　また，出力されたデータのひな形となるものが，次の振り返りシートです。このシートを活用することで，生徒が自分自身の学習課題の提出状況やこれまでの自己学習の成果を自己評価することができます。これは新学習指導要領に求められている自らの学習を調整しようとする側面にも役立つものと考えています。このシートには生徒が自己評価をするための項目として「中間・

期末考査の素点」以外に，課題のレポートや授業ごとに提出する小レポートの提出状況及び，自己評価の診断，そして，学習の工夫をした点を記入するようになっていて，各項目に示された配点を全て加算していくと，学習の到達・達成度を数値で知ることができるようになっています。

振り返りシート

73期第3学年　社会科　第1学期　振り返りシート			
		3年　　組　　番　名前	
項目名		自己評価	配点
中間期末考査	① 1学期中間考査素点	①	100
中間期末考査	② 1学期期末考査素点	②	100
課題レポート	③ 【歴史】幕末の日本が植民地にならなかったのか	③	10
観点1 課題に答えている	④ 【AIと未来の社会】AI時代における人間との共存の課題とその改善策とは？	④	10
観点2 自分なりの意見とまとめている	⑤ 【グローバル化】コロナ禍の日本経済の回復へのグローバル戦略とは？	⑤	10
	⑥ 【グローバル化】日本の外国人労働者の受け入れと難民認定の現状に思うことは？	⑥	10
観点3 論理的な文章にまとめられている	⑦ 【憲法改正】国の安全を守るために軍隊は必要と考えるか，あなたの意見を述べてください。	⑦	10
	⑧ 【少子高齢】人口減少社会の到来で，これからの高齢者「を」支えるのは誰か。	⑧	10
観点4 相手にわかりやすい表現を工夫している	⑨ 【多様性】LGBTG法案の国会見送りという判断についてどう思いますか。	⑨	10
	⑩ 【多様性】ドキュメント「ダウン症のない世界？」を視聴してなにを考えましたか。	⑩	10
	⑪ 【多様性】出生前診断による命の選択は許されるのか。	⑪	10
授業参加	⑫ 授業には参加できましたか。	⑫	5
授業参加	⑬ 毎回の授業で意欲的に発言していましたか	⑬	5
授業参加	⑭ 話し合いの活動では自分の意見を伝えることができましたか	⑭	5
授業参加	⑮ 話し合いの活動では他者の意見を聞くことができましたか	⑮	5
学習の工夫	⑯ 学習の工夫をした点を述べてください。	計	310点中

③データの評価・分析

　分析の対象となる生徒の成果物は最終的には教師によって評価されます。データの分析の段階では，教師は誰が書いた文章であるのか，一人一人の生徒の顔をイメージしながら，たとえ同じコメントでも書かれた内容に対して個々生徒の学びの過程が違うことを含みながら，課題を読み，評価をしているものです。どんなにデータ化して客観的になったとしても，それが人間としての教師の作業であることに変わりはありません。

　この人間としての個性の部分を考慮しているところが教師の評価なので，生徒の個性を無視したところで書いた文章だけをただひたすらコンピュータの処理のように評価したいというものではありません。ただし，この作業において，教師の評価の中に独善や思い込みは排除できない要素であるということです。排除できない要素である以上，いかに客観的に評価し得るものに近づけていくのか，そのための一つの方策が生徒による自己評価・自己分析の結果と照合してみることであるとも考えられます。

7 データサイエンスによるデジタルポートフォリオの分析

　教師の評価のあり方を客観的に評価することは，これまであまり取り組まれてこなかったように思います。この点においては，将来的には人工知能（AI）の分析をかけることによって，今まで一人の教師では評価しきれてこなかった側面や意外な生徒の資質の発見，教師自らの評価の「癖」のようなものも浮き彫りにできるかもしれません。

　ただAIの活用という発想は，現時点においては実現不可能なものです。一ついえることは，デジタルポートフォリオの利点として「共有」することが容易であるため，教科横断的に評価をすることが可能になるともいえます。これまでの教師の授業・評価というものは，各教科の教師の立場からすると一つ一つが単独の「点」のようなものです。しかし，様々な先生の授業を受けている生徒にとっては，あらゆる教科や教師の教育の総体としての教育の効果というものが現れてきます。言い換えれば，その変容を「見取る（時系列に横軸で評価する）」ことが今まで難しかったのは他教科の教師間での個々の生徒の成果物の「共有」が物理的に困難であったことも要因としてあげられます。

　そこでデジタルポートフォリオにすると，これまでの「点」ではなく時系列で（あるいは，教科横断で）生徒の評価についての教師間での話合いができる環境が整います。つまり，今まで教科ごとにたくさん集められてきていたものが，データとして分類されて共有化してみることによって，新たな生徒の評価と教師自身の評価の変容にも寄与することが期待されるのです。もちろん今までにも，教師は個々の生徒本人の変容を見取ってきたわけですが，できなかったことができるようになってきたことや，最初と最後でどのように変容・成長できたのか，その生徒の学びの履歴を「（点ではなく）線でみていく」ことができるようになることが，デジタルポートフォリオの利点としてあげられます。

8　データサイエンスによる学習評価の分析

　データサイエンスとは，集めたデータを統計学やプログラミングを駆使して分析し，分析した結果を基に社会や経済・経営の分野で役立てることを目指す学問の領域です。これまで教育とはあまり関係がないと思われていた分野かもしれませんが，近年では，データサイエンス教育の充実が求められ，その担い手となる人材も不足している状況であるといわれています。

　ここでは，データ活用の資質を育てる側面ではなく，集められた評価に関するデータから見えてくるものを，幅広く学校現場に活用していこうという取組を紹介します。データの解析にあたっては，東京学芸大学　先端教育人材育成推進機構　山下雅代先生のご協力によって，中学校の社会科で集めたデータの解析をお願いすることにしました。このデータサイエンスの活用を，教育現場における何らかの問題解決のプロセスとして捉えることで，集められた様々な教育に関するデータを分析して新たな価値を見いだしていこうという試みです。

　それでは2021年度の中学校３年生の社会科の評価データを，データサイエンスの統計処理によって分析し，そこから見えてくるものを紹介していきます。まず，社会科で分析するために提供するデータは，教師が生徒の成果物を評価した結果と，生徒が振り返りシートに記入した自分の成果物を自己評価した結果です。さらに，中間考査や期末考査のテストの素点をデータ解析のために用いることにしました。なお，データの内訳は【テスト（中間＋期末＝200点）＋記述（８回分×15点＝120点）＋関心・意欲・態度（主体的な学習）（70点）】となっています。なお，このデータの分析については，様々な解釈の仕方がある中で，現場教育の経験からこのような分析もできるのではないかという試みであるということをご理解いただければと思います。

成績データの分析

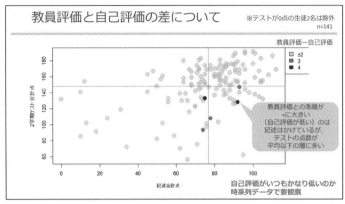

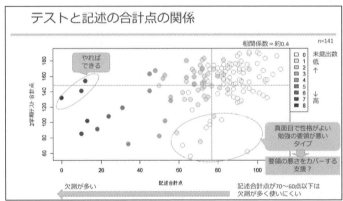

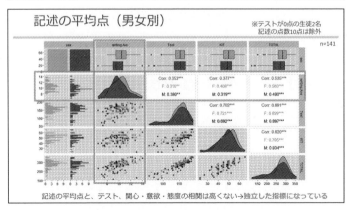

①教員評価と自己評価の差について

　教師の評価から生徒の自己評価の点数を差し引いたときに，＋プラスになるのは自己評価の点数の方が低い生徒，－マイナスになるのは自己評価の点数の方が高い生徒となります。分析の結果＋プラスになる生徒は，記述はよく書けているが，テストの点が平均点以下の層に多いことが指摘されました。つまり生徒にとっての自己肯定感（できるという気持ち）が，記述の評価は十分に満たしているけれども，テストの点数の結果が芳しくないものであるので，結果的に自己評価もひきずられて低くなっていることが分かります。

　多様な視点から生徒の力を評価する観点別評価において，生徒たちの評価観にはいまだにテストに重きを置いている傾向が強く残っているということがここから読み取れます。教師にとっても観点別評価の主旨や目的を生徒により分かりやすく説明する必要があるといえます。

②テストと記述の合計点の関係

　次にテストの合計点と，記述の評価の合計点の関係をみると，「やればできる」（テストの評価はよいが記述がよくない）ターゲット層や逆に「まじめに取り組むが要領がわるい」ターゲット層が現れました。ここでは，教師の支援の方策を見分けるためにこのデータを活用することにします。つまり「要領のわるい」部分は，「主体的に学習に取り組む態度」の二つの側面のうち，「粘り強い取り組みを行おうとする側面」は十分に評価できるが，「自らの学習を調整しようとする側面」が十分ではないことが考えられ，その支援が必要であるといえます。

③記述の平均点（男女別）

　最後に，記述の平均点と，その他のテストや関心・意欲・態度との相関は高くないことがデータサイエンスの知見から読み取れました。つまり，それぞれの観点の項目が無相関であるということになります。このことは，観点

別学習評価が，「児童生徒の学習状況を，複数の観点から，それぞれの観点ごとに分析する」（国立教育政策研究所「『指導と評価の一体化』のための学習評価に関する参考資料」）ものであるという主旨からも，それぞれの観点から評価をすることの妥当性を示す根拠となっているとも考えられます。

9 「個別最適な学び」の保障

　データサイエンスの知見から得られた分析を今後の教育現場に生かす方策の一つは「個別最適な学び」の保障です。文部科学省においても「児童生徒が自己調整しながら学習を進めていくことができるよう指導すること」の重要性が指摘されています。ICT の活用により，学習履歴（スタディ・ログ）や生徒指導上のデータは蓄積されていきますが，現場の教師にはそれら膨大なデータを処理することが大変になってきます。集められた情報を統計学的に分析してそこから得られた知見を「個別最適な学び」の支援につなげられるのではないかと思います。

　また，教科の学習のデータ化とデータの蓄積はどのようなプラットフォームを活用し，記録を何に蓄積していくのかも重要です。さらに，「協働的な学び」により，他者からの評価と自己評価との相互評価を合わせて統合していく過程も必要です。その後に自己調整をしていく部分を付け加えていくことで，「指導と評価の一体化」を目指しつつ，教育課程を計画的に再編成し，実施，評価して（カリキュラム・マネジメント）教育の質を向上していきたいと考えています。

　また，個別最適化による個に根ざした学習が求められている中で，自分の学習の様子を言語化，映像化，記録化することを進めていくことができれば，自分が何をやったのかの学びの記録が複数のメディアで蓄積され，それらがアーカイブスされていつでも出し入れできるような環境が構築されることで，「個別最適な学び」への貢献が期待されると考えています。

【参考文献一覧】

・荒井正剛（2019）『地理授業づくり入門―中学校社会科での実践を基に―』古今書院
・荒井正剛編著（2022）『中等教育社会科教師の専門性育成』学文社
・青柳慎一（2020）『中学校　社会の授業がもっとうまくなる50の技』明治図書
・石井英真（2015）『今求められる学力と学びとは―コンピテンシー・ベースのカリキュラムの光と影』日本標準
・井田仁康・中尾敏朗・橋本康弘編著（2017）『授業が変わる！新しい中学社会のポイント―平成29年告示　新学習指導要領』日本文教出版
・市川伸一編（2019）『2019年改訂　速解　新指導要録と「資質・能力」を育む評価』ぎょうせい
・梅津正美編著（2021）『評価事例＆テスト問題例が満載！　中学校社会新３観点の学習評価完全ガイドブック』明治図書
・梅津正美編著（2022）『新３観点の学習評価を位置づけた中学校歴史授業プラン』明治図書
・梅津正美編著（2022）『中学校社会「主体的に学習に取り組む態度」の学習評価完全ガイドブック』明治図書
・岡﨑誠司編著（2018）『社会科の授業改善　2　社会科授業４タイプから仮説吟味学習へ―「主体的・対話的で深い学び」の実現―』風間書房
・尾原康光（2009）『自由主義社会科教育論』渓水社
・小原友行編著（2016）『アクティブ・ラーニングを位置づけた中学校社会科の授業プラン』明治図書
・加藤公明（2015）『考える日本史授業４―歴史を知り、歴史に学ぶ！今求められる《討論する歴史授業》』地歴社
・川端裕介（2021）『川端裕介の中学校社会科授業　見方・考え方を働かせる発問スキル50』明治図書
・川端裕介（2022）『川端裕介の中学校社会科授業　見方・考え方を働かせる課題設定＆評価スキル60』明治図書
・河原和之編著（2020）『100万人が受けたい！　主体的・対話的で深い学びを創る中学社会科授業モデル』明治図書
・工藤文三編著（2018）『平成29年改訂　中学校教育課程実践講座　社会』ぎょうせい
・Ｃ．ファデル・Ｍ．ビアリック・Ｂ．トリリング著，岸学監訳（2016）『21世紀の学習者

と教育の4つの次元―知識，スキル，人間性，そしてメタ学習』北大路書房
・子どものシティズンシップ教育研究会（2019）『社会形成科社会科論―批判主義社会科の継承と革新―』風間書房
・坂井俊樹（2016）『社会の危機から地域再生へ―アクティブ・ラーニングを深める社会科教育』東京学芸大学出版会
・澤井陽介・唐木清志編著（2021）『小中社会科の授業づくり―社会科教師はどう学ぶか』東洋館出版社
・澤井陽介・加藤寿朗編著（2017）『見方・考え方［社会科編］―「見方・考え方」を働かせる真の授業の姿とは？』東洋館出版社
・島村圭一・永松靖典編（2021）『問いでつくる歴史総合・日本史探究・世界史探究―歴史的思考力を鍛える授業実践』東京法令出版
・『社会科教育』編集部編（2017）『平成29年度版　学習指導要領改訂のポイント　小学校・中学校　社会』明治図書
・社会系教科教育学会編（2019）『社会系教科教育学研究のブレイクスルー』風間書房
・社会認識教育学会編（2020）『中学校社会科教育・高等学校地理歴史科教育』学術図書出版社
・社会認識教育学会編（2020）『中学校社会科教育・高等学校公民科教育』学術図書出版社
・須本良夫・田中伸編著（2017）『社会科教育におけるカリキュラム・マネジメント』梓出版社
・ダイアン・ハート著，田中耕治監訳（2012）『パフォーマンス評価入門―「真正の評価」論からの提案』ミネルヴァ書房
・辰己勝・辰己眞知子（2016）『図説　世界の地誌［改訂版］』古今書院
・西岡加名恵・石井英真・田中耕治編（2022）『新しい教育評価入門―人を育てる評価のために［増補版］』有斐閣
・日本社会科教育学会編（2012）『新版　社会科教育事典』ぎょうせい
・橋本康弘編著（2018）『高校社会「公共」の授業を創る』明治図書
・原田智仁編著（2017）『平成29年版　中学校新学習指導要領の展開　社会編』明治図書
・原田智仁（2018）『中学校　新学習指導要領　社会の授業づくり』明治図書
・樋口雅夫編著（2022）『新3観点の学習評価を位置づけた中学校公民授業プラン』明治図書
・平田博嗣(2012)『これだけははずせない！　中学校社会科単元別「キー発問」アイディア』

明治図書

・藤野敦・中嶋則夫・空健太・飯塚秀彦・磯山恭子編著（2022）『高等学校　地理歴史科　公民科　必履修科目ガイド』学事出版

・Ｐ．グリフィン・Ｂ．マクゴー・Ｅ．ケア編，三宅なほみ監訳（2014）『21世紀型スキル―学びと評価の新たなかたち』北大路書房

・松下佳代（2007）『パフォーマンス評価―子どもの思考と表現を評価する』日本標準

・三藤あさみ・西岡加名恵（2010）『パフォーマンス評価にどう取り組むか―中学校社会科のカリキュラムと授業づくり』日本標準

・森分孝治（1978）『社会科授業構成の理論と方法』明治図書

・吉水裕也編著（2018）『本当は地理が苦手な先生のための　中学社会　地理的分野の授業デザイン＆実践モデル』明治図書

・吉水裕也編著（2022）『新３観点の学習評価を位置づけた中学校地理授業プラン』明治図書

・渡部竜也（2019）『主権者教育論―学校カリキュラム・学力・教師』春風社

・渡部竜也・井手口泰典（2020）『社会科授業づくりの理論と方法―本質的な問いを生かした科学的探求学習』明治図書

※新学習指導要領，社会科授業づくり，評価に関する書籍を中心に掲載しました。

・文部科学省　中学校卒業程度認定試験問題
　https://www.mext.go.jp/a_menu/shotou/sotugyo/1263187.htm

・国立教育政策研究所　学習指導要領実施状況調査
　https://www.nier.go.jp/kaihatsu/cs_chosa.html

・埼玉県中学校教育課程編成要領（平成30年３月）
　https://www.pref.saitama.lg.jp/f2214/chu-henseiyouryou.html

・埼玉県中学校教育課程指導・評価資料（令和３年３月）
　https://www.pref.saitama.lg.jp/f2214/sidouhyoukasiryou/r3sidouhyoukasiryou.html

・旺文社編（2022）『2023年受験用　全国高校入試問題正解　分野別過去問　1253題　社会　地理・歴史・公民』旺文社

【著者紹介】
上園　悦史（うえぞの　よしひと）　＊第3章
東京学芸大学附属竹早中学校教諭。1973（昭和48）年，東京都生まれ。東京学芸大学教育学部附属世田谷中学校教諭，淑徳巣鴨中学・高等学校教諭等を経て，2005（平成17）年4月から現職，2013（平成25）年から2016（平成28）年プラハ日本人学校（チェコ共和国）派遣教員を経て復職。主な著書（分担執筆）に，荒井正剛・小林春夫編著（2020）『イスラーム／ムスリムをどう教えるか—ステレオタイプからの脱却を目指す異文化理解』明石書店，荒井正剛編著（2022）『中等教育社会科教師の専門性育成』学文社，梅津正美編著（2021）『評価事例＆テスト問題例が満載！中学校社会新3観点の学習評価完全ガイドブック』明治図書，等がある。

内藤　圭太（ないとう　けいた）　＊第1章，第2章
東京学芸大学附属竹早中学校教諭。1984（昭和59）年，浦和（現さいたま）市生まれ。埼玉県公立中学校教諭，埼玉大学教育学部附属中学校教諭を経て，2021（令和3）年4月から現職。主な著書に，『単元を貫く「発問」でつくる中学校社会科新授業＆評価プラン』（2021），『15のストラテジーでうまくいく！　中学校社会科　学習課題のデザイン』（2017），『単元を貫く「発問」でつくる中学校社会科授業モデル30』（2015）明治図書，等がある。

中学校社会サポートBOOKS
中学校社会科
単元を貫く「学習評価」とテストづくりアイデア

2023年2月初版第1刷刊　Ⓒ著　者　上　園　悦　史
　　　　　　　　　　　　　　　　内　藤　圭　太
　　　　　　　　　　　　発行者　藤　原　光　政
　　　　　　　　　　　　発行所　明治図書出版株式会社
　　　　　　　　　　　　　　　http://www.meijitosho.co.jp
　　　　　　　　　（企画）赤木恭平（校正）宮森由紀子
　　〒114-0023　　東京都北区滝野川7-46-1
　　　　　振替00160-5-151318　電話03(5907)6701
　　　　　　　　　ご注文窓口　電話03(5907)6668
＊検印省略　　　　組版所　株式会社プリント大阪

Printed in Japan　　ISBN978-4-18-368227-7
もれなくクーポンがもらえる！読者アンケートはこちらから